AF578988

Dubois Delphine

Oui-ja : Manuel pratique, Règles et Dangers

Pour me contacter : feedeslivres@yahoo.com

Dépôt légal 1ère publication : avril 2023

ISBN : 9 78-2-9584559-2-7

Sommaire

Introduction

Certains disent que le oui-ja est un jeu, d'autres que c'est un instrument de communication avec les morts. Pour certains, ce jeu n'est guère plus qu'un jeu de Monopoly, d'ailleurs, on peut trouver certains oui-ja au rayon jouet des magasins. Cependant, tout contact avec l'au-delà ou même avec l'invisible comporte des risques dont il convient d'être conscient avant d'entamer une séance afin de ne pas encourir les foudres de l'au-delà ou de l'invisible.

Dans cet ouvrage, je vais souvent employer le terme « jouer », pour parler de la pratique du oui-ja parce qu'il n'existe pas de terme spécifique convenant au fait d'utiliser un oui-ja, mais ce n'est pas pour autant qu'il faut considérer cet acte comme un jeu.

Dans ce livre, vous trouverez des explications sur l'usage du oui-ja en spiritisme. Je n'écris pas ce livre pour vous livrer la doctrine spirite ou vous parler des médiums comme c'est le cas d'un certain nombre d'ouvrages sur le sujet, il s'agit de vous fournir un manuel sur l'usage du oui-ja pour permettre à ceux qui voudraient, malgré tous les avertissements qu'ils peuvent recevoir, communiquer avec les défunts et pour qu'ils essaient de le faire avec un maximum de sécurité et d'efficacité.

Cependant, je ne peux vous garantir ni que vous parveniez à communiquer avec qui que ce soit en suivant les consignes de ce manuel, ni que vous ne fassiez pas de mauvaises rencontres. Je pense juste que vous avez plus de chance de parvenir à vos fins en toute sécurité en lisant ce livre qu'en allant sur internet.

De même, je ne vous encourage en aucun cas à communiquer avec les morts car cela peut attirer des entités négatives sur vous et sur le lieu de la séance. Il convient de bien réfléchir et de bien peser le pour et le contre avant de tenter cette aventure.

I Bref historique du spiritisme

L'être humain a toujours voulu contacter ses proches après leur mort quelles que soient les époques et les civilisations. Il a pour cela fait appel à des médiums, des prêtres, des voyantes et à toutes sortes de symboles pour soulager sa peine d'avoir perdu des êtres aimés et obtenir l'espoir de les revoir un jour dans un monde meilleur.

Cependant, les religions, notamment les religions monothéistes, ont bien souvent découragé, voire interdit, les pratiques de contact avec les morts, les trouvant bien trop dangereuses voire blasphématoires, les comparant bien souvent à de la magie noire.

Au XIX° siècle, les Occidentaux se tournent en masse vers la doctrine spirite, une sorte de « religion » supposée unir toutes les autres religions monothéistes et polythéistes, encourageant la paix entre les hommes et entre les nations afin que chacun puisse chercher à s'élever spirituellement dans le but d'atteindre un niveau spirituel proche de Dieu. Dans les faits, il s'agissait de contacter des entités positives, telles que des anges ou des maitres ascensionnés, ou bien encore des défunts, notamment grâce à l'utilisation des planches Oui-ja et des tables tournantes, nouvellement (ré-)inventées, et d'en obtenir des messages parfois très précis. Certains auteurs réussirent à remplir des livres entiers avec les retranscriptions de leurs conversations avec des défunts ou des entités…

On ne peut dire avec précision de quand date réellement l'invention du oui-ja et des tables tournantes, mais il est possible de dater du XIX° siècle, leur large diffusion dans les populations occidentales.

En effet, les sources écrites concernant ces pratiques sont rares, mais les pratiques de contact avec les morts ont toujours été plus courantes qu'on ne le croit, mais bien souvent, elles étaient le fait de quelques initiés qui gardaient leurs secrets bien cachés, la plupart du temps afin d'éviter les persécutions, ce qui ne fut plus le cas après le XIX° siècle et les débuts du spiritisme dont la doctrine se diffusa si vite et auprès de tant de personnes qu'il aurait été impossible aux différentes religions d'exclure tous ceux de leurs fidèles qui croyaient au spiritisme. Tout au plus leur fut-il possible de limiter l'usage du spiritisme dans certains cercles…

Les sœurs Fox (Margaret 1836-1893, et Kate 1838-1892) sont, semble-t-il, les premières spirites américaines, utilisant essentiellement des tables tournantes. Elles commencèrent leurs séances adolescentes, à Hydesville dans l'Etat de New-York. Elles furent très célèbres en leur temps mais à la fin de sa vie, Margaret confessa que leurs séances n'étaient que des canulars avant de se rétracter dans les mois qui suivirent. Les deux sœurs moururent quelque temps plus tard, ruinées. Les spirites ne savent que penser de ces deux femmes notamment parce que quelques années après leur mort, en 1904, les restes d'un corps furent découverts dans la maison de leur enfance, la « suite » des restes ayant été découverts précédemment, en 1848, suite aux indications fournies par les fillettes et leur mère. Alors, soit les deux fillettes avaient trouvé un indice sur la venue de Charles B. Rosma (le colporteur assassiné dont les restes ont été retrouvés) dans cette maison, soit elles sont véritablement entrées en contact avec lui durant leur enfance.

En Occident, le spirite le plus connu est le français Allan Kardec (1804-1869), de son vrai nom Hippolyte Léon Dénizard Rivail, connu notamment pour son « *Livre des médiums* » et son « *Livre des Esprits* ». Kardec est à l'origine de la doctrine spirite et ce sont ses ouvrages qui ont popularisé la pratique du spiritisme à travers le monde, des ouvrages qui restent encore aujourd'hui une référence en la matière.

La France compte, en plus d'Allan Kardec, un autre spirite connu : Victor Hugo (1802-1885), célèbre écrivain qui s'est tourné vers le spiritisme à la mort de sa fille Léopoldine en 1843. Il a notamment promeut l'usage de la table tournante, inventée aux Etats-Unis et arrivée en France par la Grande-Bretagne. Il est connu pour être entré en contact avec des personnes célèbres, mais aussi des animaux connus (le lion d'Androclès ou la colombe de l'Arche de Noé…). Victor Hugo semble avoir été médium puisqu'il entrait en transe pendant les séances et qu'il est fort possible qu'une partie de ses séances aient été plus de l'écriture automatique que de l'utilisation du oui-ja et des tables tournantes.

Le premier jeu de oui-ja fabriqué industriellement semble dater de 1890-1891. Il serait américain et aurait été fabriqué par Elijah Bond. Ensuite, en 1894, le Glevum Games, a été créé par les frères Harry et John Owen, deux anglais qui étaient des fabricants de jouets et de meubles. D'autres industriels prendront la relève, notamment dans les années 1970, les plus connus étant Parker Brothers (basé initialement à Salem, ville célèbre pour ses buchers de sorcières), devenue simplement Parker, puis Hasbro (qui a racheté depuis la marque Parker).

L'usage du oui-ja est assez discret depuis cette époque, on parle peu de réunions spirites depuis quelques décennies bien que l'information sur le sujet se développe.

Le oui-ja est un outil qui, à tort ou à raison, fait peur depuis toujours, et qui n'a pas été aidé par les histoires de malédictions qui se sont propagées. Cependant, le rationalisme du XX° siècle est peu à peu en train de laisser la place à nouveau à la croyance en la possibilité de communiquer avec l'au-delà.

Si vous voulez connaître davantage l'histoire des sœurs Fox, je vous suggère de commencer par lire « *le Guide pratique du Oui-ja* », de Jean-Luc CARADEAU qui détaille leurs vies. Si vous voulez en savoir plus sur l'histoire du spiritisme en général, je vous suggère de lire « *le Guide du Spiritisme* », de Giovanni Sciuto, qui relate davantage l'histoire du spiritisme dans son ensemble et qui vous livrera de nombreux témoignages de personnes plus ou moins célèbres ayant vécu des expériences de spiritisme, quelles que soient les méthodes de contact.

II Les différents oui-ja qui existent

D'une manière générale, on considère qu'un « oui-ja » est un support qui permet de communiquer avec les morts, composé d'inscriptions (alphabet, chiffres, oui, non, merci, au revoir) et d'un pointeur (goutte, planchette, cabochon, fléchette…) qui permet de désigner une inscription grâce à l'action psychique d'un esprit qui désire communiquer avec les participants et qui se sert de leur énergie pour faire bouger le pointeur.

Je vais détailler quelques oui-ja qu'on peut trouver facilement dans le commerce ou fabriquer soi-même avec peu de moyens, ou bien des objets du quotidien qu'on peut facilement détourner pour en faire de vrais oui-ja, ou encore des oui-ja plus récents réalisés grâce aux nouvelles technologies mais aussi quelques méthodes de communication avec les morts qui sont en rapport avec des oui-ja classiques et qui ont évolué à travers le temps.

II 1) Table à trois pieds

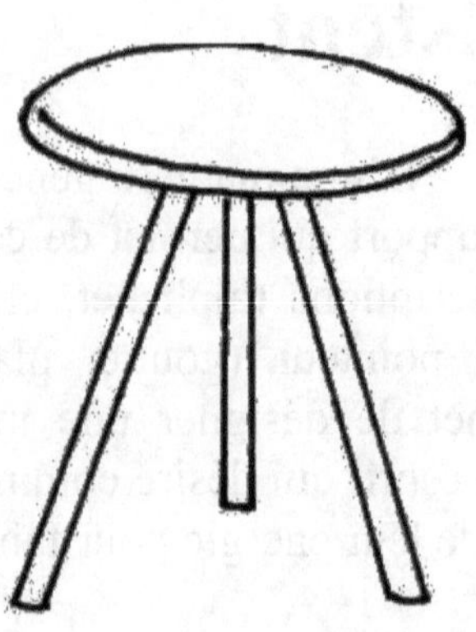

La table à trois pieds est le moyen de communication avec les morts le plus connu et l'un des plus anciens. La tradition veut qu'il s'agisse d'un guéridon rond à trois pieds, d'un poids variant entre 3 et 5 kg. Les tables plus lourdes pour des séances de tables tournantes épuisent la force psychique des participants beaucoup trop rapidement et sont par conséquent, fortement déconseillées, surtout aux débutants. Pour une séance avec un oui-ja, le problème du poids ne se pose pas puisqu'il n'est pas question de déplacer la table normalement.

Une table « tournante » se soulève et tourne sur elle-même lors de séances de spiritisme. Les coups donnés par la table permettaient de déterminer soit les mots que l'esprit voulait communiquer soit des réponses par oui ou non.

Dans certains cas, on posait une feuille de papier sur la table, éventuellement, on la fixait dessus et l'un des participants tenait fermement un crayon juste au-dessus du papier, la pointe touchant la feuille. La table se déplaçait, déplaçant ainsi la feuille. Le crayon lui ne bougeait pas mais laissait ainsi des traces sur la feuille, certaines de ces traces étant des lettres. Ainsi l'esprit pouvait communiquer relativement facilement.

Autrefois, il parait qu'on utilisait parfois la table comme une planchette. Il fallait la placer dans une grande pièce vide où se trouvaient seulement 26 représentations des lettres (des planches ou des cartons), la table se déplaçait alors devant les lettres au fur et à mesure, les participants étaient supposés se déplacer rapidement dans la pièce pour ne pas perdre le contact. Personnellement, je trouverais cette méthode épuisante. Pour moi, il est préférable d'utiliser un oui-ja sur une table que d'utiliser la table comme une planchette…

La table a évolué avec le temps car le système premier (et le troisième cité encore plus) était trop long pour obtenir un message clair. Les inscriptions furent alors parfois directement inscrites dessus ou alors, une planche oui-ja était posée sur cette table.

La plupart du temps, de nos jours, on ne considère plus nécessaire d'utiliser une table à 3 pieds, une table à quatre pieds fonctionne tout autant. Mais il est cependant nécessaire que la table soit en bois et non en métal, en plastique ou en verre, ces matériaux ne donnant que peu voire aucun résultat (on est d'accord, la table peut quand même contenir des clous ou des vis en métal sans problème). Je conseille aussi une table ronde parce que si elle se met à tourner, vous risquez un peu moins de vous prendre des coups… et les coups seront moins forts avec une table arrondie qu'avec des angles droits… Si vous utilisez un oui-ja classique, la table importe peu mais la plupart des gens continuent par tradition à utiliser une table à trois pieds.

II 2) Planche en bois

La planche oui-ja, appelée aussi la « planche des sorcières » ou « planche spirite », est une simple planche en bois sur laquelle sont gravés et / ou pyrogravés les lettres de l'alphabet, les chiffres, des inscriptions telles que « oui » et « non », et bien souvent « merci » et / ou « au revoir ». Des symboles comme le soleil, près du oui, et la lune, près du non, y sont souvent ajoutés. Vous pouvez en trouver dans le commerce, que ce soit des artisans qui font leur propre planche ou bien des jeux de société…

Ces planches sont relativement faciles à faire. En ce qui me concerne, je me suis achetée une simple planche à découper en bois et j'ai gravé sur le côté totalement plat les lettres, les chiffres et les inscriptions (photo ci-dessus), et sur l'arrière, j'ai gravé les règles principales. Je viens également d'en faire un avec une planche à découper ronde plus petite, plus facilement transportable. J'y ai rajouté les inscriptions : « *Je ne sais pas* », « *Je ne dois pas savoir* », pour le cas où une entité ne saurait pas me répondre ou ne le pourrait pas.

Ces planches sont souvent vendues avec des pointeurs qui permettent de comprendre le message des esprits. Avant de commencer à les utiliser, il faut établir une convention avec ces pointeurs comme on le ferait avec un pendule. Cela est particulièrement nécessaire pour les pointeurs qui peuvent désigner une lettre soit en se mettant devant elle, soit en se mettant sur elle (la goutte avec un trou peut ainsi désigner deux lettres en même temps selon la taille et l'organisation de la planche). Pour établir une convention, il suffit de dire à voix haute en tenant le pointeur que vous voulez qu'il désigne les inscriptions en se mettant devant ou sur elles, selon ce qui est le plus pratique pour vous. Il est conseillé de garder la même convention d'une séance à l'autre, ce qui permet de ne pas réitérer la convention.

Ces pointeurs portent différents noms : pointeur, goutte, planchette, fléchette…

Ces pointeurs sont de diverses sortes : certains sont juste des cabochons en verre en forme de goutte d'eau, d'autres sont en bois en forme de gouttes d'eau également, d'autres sont en forme de cœur un peu allongé avec parfois une rondelle en verre près de la pointe. Cette rondelle est sensée permettre de voir le défunt à travers lorsqu'il décide de se montrer. Quand il est en bois, le pointeur est souvent recouvert par une sorte de velours pour faciliter la glisse, ou alors, il y a des petites billes en-dessous voire des roulettes qui permettent également de faciliter la glisse du pointeur. Dans tous les cas, les pointeurs classiques sont légers, beaucoup plus légers que les verres et donc plus facilement déplaçables par les esprits.

A défaut de pointeur, vous pouvez aussi utiliser un verre renversé, souvent un verre à pied, mais pas forcément. Moi, j'utilise un verre à liqueur, plus petit, plus léger et plus facilement manipulable qu'un verre à pied bien que certains praticiens soient contre ces petits verres. Certains spirites vous diront qu'utiliser un verre attire systématiquement les entités inférieures, donc, je déconseille ce type de pointeur par précaution, surtout aux débutants. Si vous les utilisez quand même, je vous déconseille d'utiliser ensuite ces verres pour boire, ils pourraient encore contenir de l'énergie négative. Avant de les utiliser comme pointeur, vous pouvez les purifier en les passant au-dessus de la flamme d'une bougie.

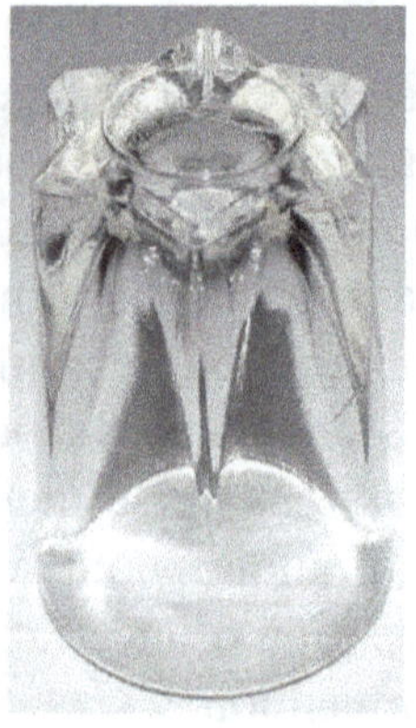

Certains utilisent une pièce de monnaie, notamment en argent, car elle empêcherait les mauvais esprits de s'approcher de votre planche. D'autres utilisent des pièces porte-bonheur. Ces pièces sont légères et donc facilement utilisables par des entités immatérielles.

Il est également possible d'utiliser un pendule pour remplacer le pointeur. Je conseille d'utiliser une pierre qui favorise la communication avec les esprits, comme le lapis-lazuli.

Si vous voulez en fabriquer vous-même, vous pouvez en faire facilement en bois, en papier, ou alors en résine. Il parait que les toutes premières planches étaient réalisées avec des planches de cercueil, avec un clou comme pointeur. Vu l'énergie vibratoire des cercueils, je déconseille fortement d'utiliser des planches et des clous de cercueils, cela pourrait sûrement attirer des esprits négatifs.

Pour mon pointeur, j'ai trouvé une goutte sur un site d'impression 3D et avant cela, j'en avais achetée une en bois sur un site internet, je me suis aussi amusée à en faire d'autres en résine (ci-après) via un moule trouvé sur internet. L'avantage de la résine, c'est que c'est lisse et léger. Après, comme ce n'est pas un matériau naturel, certains vous diront que cela rendra la communication difficile. L'important est que ces pointeurs puissent se mouvoir facilement. Il faut donc un côté lisse ou en velours ainsi qu'une planche lisse.

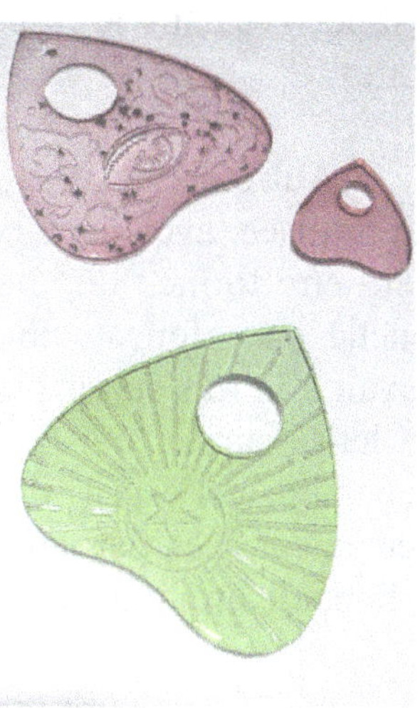

II 3) Planchette Spirite

Ce oui-ja s'utilise uniquement avec une planchette, un peu particulière puisqu'en plus de la rondelle en verre, elle comporte un trou supplémentaire pour mettre un stylo. Parfois, elle ne comporte qu'un seul trou avec un support pour mieux tenir le stylo. Elle comporte souvent des roulettes.

Ce oui-ja s'utilise en mettant ses mains sur la goutte, l'esprit est sensé contrôler la goutte et écrire grâce à elle et au stylo fixé dans le trou de la goutte.

Autrefois, cette technique était utilisée avec une corbeille en osier en forme de bateau dans laquelle on enfonçait un crayon qui pouvait à la fois servir pour désigner une lettre sur un oui-ja et à la fois permettait à l'esprit d'écrire ou de dessiner quelque chose directement. Les participants posaient souvent leur main gauche sur l'épaule droite de leur voisin pour faire une chaîne.

Certains spirites pensent que cette technique est l'ancêtre de l'écriture automatique. Il se pourrait que certains spirites se soient dit que la planchette n'était pas nécessaire et aient tenté d'utiliser le crayon directement, donnant ainsi naissance à l'écriture automatique ce qui, bien que cela ait pu donner des idées à certains spirites, me semble erroné dans la mesure où l'écriture automatique date probablement de l'invention de l'écriture. De plus, ces deux modes de communication ont une différence majeure : l'écriture automatique s'utilise seul et non en groupe comme la planchette. J'entends par là que seul un médium tient le crayon en écriture automatique et non un groupe de personnes. Elle est souvent la méthode préférée d'un médium mais pas de quelqu'un sans aptitude médiumnique ou désirant faire une séance de groupe, bien que la personne usant d'écriture automatique peut le faire devant témoins.

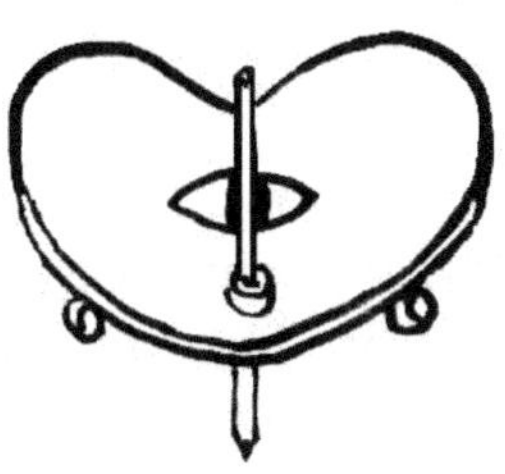

L'avantage de cette technique, c'est qu'il est possible de reconnaître une écriture, notamment l'écriture du défunt appelé si l'on a un échantillon de l'écriture du défunt de son vivant ou bien encore l'écriture de l'entité contactée à une séance précédente.

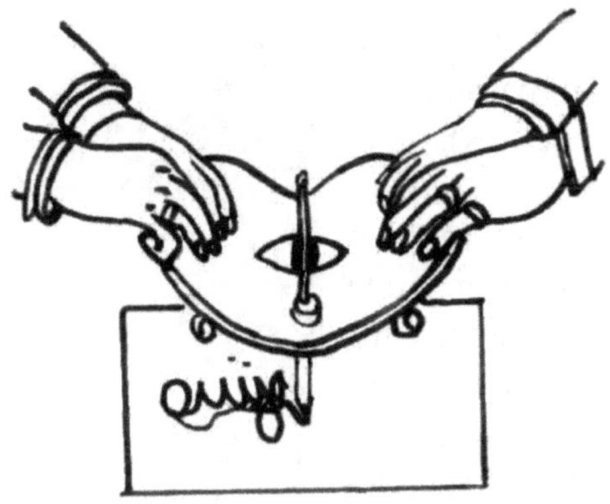

II 4) Lettres en arc de cercle sur papier

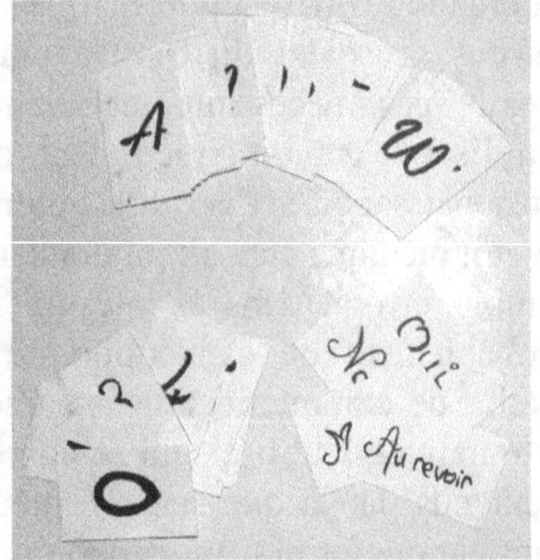

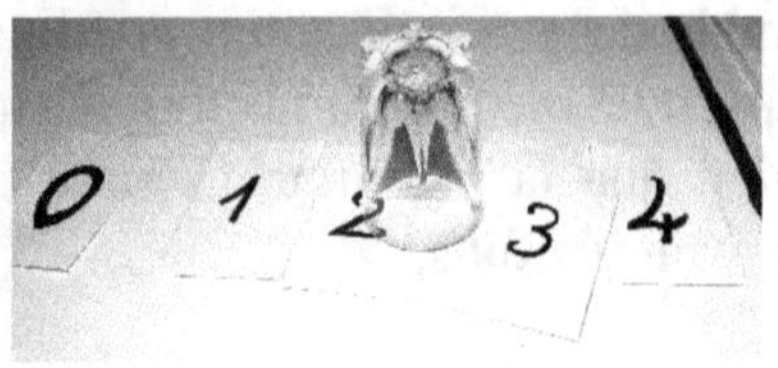

Si vous n'avez pas les moyens ou l'envie de vous faire un oui-ja compliqué, vous pouvez simplement écrire les lettres, les chiffres et autres inscriptions sur des bouts de papiers et les poser sur une table. Cela dit, il est difficile de bouger les gouttes, quelles qu'elles soient, sur des morceaux de papiers qui peuvent bouger. Même en les collant sur une feuille, le résultat n'est pas terrible. Vous pouvez utiliser une planche de verre (sous-verre, cadre …), une feuille de plastique transparent ou encore une toile cirée transparente par-dessus vos lettres afin de faciliter le passage de la goutte. Vous pouvez également les mettre en cercle avec suffisamment d'espace pour que le verre ou la goutte se déplace devant ces inscriptions.

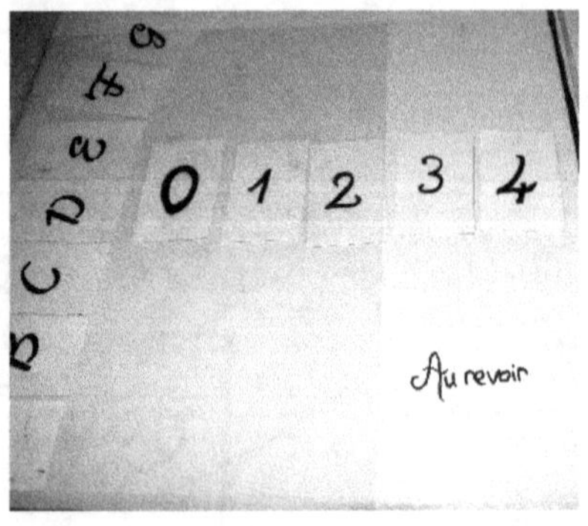

Ce jeu de lettres peut être utilisé en grammatomancie (divination par les lettres).

Ceci étant, il est bien plus simple d'utiliser une feuille A3 pour noter les inscriptions directement, ou alors de trouver un oui-ja sur internet, de l'imprimer sur une feuille, (ou de photocopier / imprimer l'exemple à la fin de ce livre) et potentiellement de la plastifier ensuite. Le résultat sera plus propre, plus facile d'utilisation et il pourra se ranger dans une simple pochette plastique. Cependant, si la feuille n'est pas totalement lisse, si elle est ne serait-ce que pliée en deux, les esprits ne se manifesteront pas. Il est donc nécessaire de pouvoir conserver ses oui-ja papier dans une pochette non pliable.

Vous pouvez également utiliser du ruban adhésif pour fixer votre feuille sur une table ou tout autre support (cependant, gare aux traces laissées par l'adhésif sur certains meubles !) pour que votre feuille ne bouge pas pendant que le pointeur se déplace dessus.

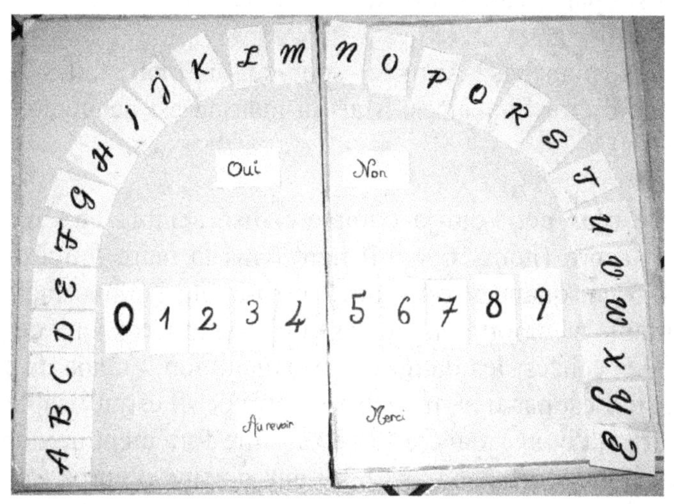

II 5) Autres jeux possibles

II5 1) Les jeux achetés

Il en existe de deux types : les jeux artisanaux et les productions industrielles.

Les jeux artisanaux sont souvent les meilleurs car faits en bois mais ils sont aussi les plus chers car il faut du temps pour les fabriquer. Comptez minimum 50€ pour avoir une planche de qualité. L'avantage, c'est que votre planche est presque unique.

Les jeux industriels les plus connus sont celui de Parker Brothers (1972) et celui de Hasbro (1972-2013). Sauf erreur de ma part, ces jeux n'existent qu'en anglais, et sont vendus comme jeux de société pour enfants de 8 ans et plus. Ils sont bien réalisés et ont l'avantage d'être accessibles depuis des magasins de jouets, du moins de sites en ligne. Ce sont sûrement les plus connus et les plus utilisés par les amateurs de spiritisme.

Les planches Antinéa sont aussi bien faites et ont l'avantage d'être françaises. Mais la marque est beaucoup moins connue.

Le plus petit oui-ja commercialisé semble être un de la marque Hasbro (item 5036). Il tient dans la main (environ 7,6x 1,30 x 4,5 cm quand il est replié), est pliable et donc facilement transportable n'importe où, et ressemble assez à ces jeux de poche tels que les échecs, les dames, le backgammon… mais du fait de sa taille, il n'est pas très maniable en groupe. Il est utilisable dès 6 ans d'après la boite, mais je le déconseille fortement aux enfants. De plus, il ne coute pas très cher : une dizaine d'euros (comparé au 50€ minimum d'une planche traditionnelle en bois) ce qui peut le rendre attractif pour des débutants.

II5 2) Les oui-ja à l'effigie d'animes ou de films

J'avais déjà vu des oui-ja à l'effigie de Barbie ou de films / séries traitant en partie de spiritisme (Charmed, Supernatural), je viens de découvrir qu'il en existe sur des dessins animés tels que Sailor Moon, alors que l'héroïne ne contacte pas du tout les esprits. Je ne suis pas sûre d'ailleurs que ces dernières planches soit sous licence, mais le fait est qu'elles existent.

Ces oui-ja sont très beaux et ils font envie, mais je vous déconseille de les acheter pour faire du spiritisme.

Tout d'abord, les entités pourraient être vexées de l'utilisation d'un oui-ja qui ressemble vraiment à un jeu pour enfant. Ensuite, le fait que ce soit à l'effigie d'un dessin animé peut vous faire perdre votre sérieux et enfin cela pourrait vous dégoûter à vie de l'anime / série / film surtout si la séance se passe mal.

A moins d'être déjà un spirite confirmé ou de vouloir juste une planche de décoration, ou bien encore de vouloir contacter un passionné de cet anime / film / série ou quelqu'un lié à cet anime / film / série (réalisateur, auteur, acteur, dessinateur, doubleur…), et même dans ces cas-là, je doute que cela vous aide beaucoup, je vous conseille plutôt d'utiliser une planche traditionnelle, qui peut parfaitement être décorée.

II5 3) Les Oui-ja « technologiques »

En théorie, un clavier d'ordinateur peut très bien servir de planche oui-ja. Vous pouvez lancer un programme d'édition de texte, mettre vos mains contre le clavier et attendre que l'esprit appuie sur les lettres ou alors, vous pouvez vous servir d'un pendule au-dessus d'un clavier pour connaître les lettres que l'esprit veut vous communiquer.

Le pendule peut être un pendule classique ou bien une simple chaine munie d'une bague appartenant de préférence à la personne à contacter.

Il parait que certains se servent également d'une souris d'ordinateur et d'une image d'un oui-ja pour communiquer avec les esprits. Ils utilisent la souris comme une planchette : ils mettent leurs mains sur la souris et attendent qu'elle bouge.

Il est possible également d'imprimer un oui-ja à l'aide d'une imprimante 3D, mais la résine utilisée pour le fabriquer n'étant pas naturelle, vous n'aurez probablement pas de bons résultats. Cependant, j'ai trouvé un oui-ja original, le oui-ja spinner, sur un site d'impression 3D. Pour l'utiliser, il suffit de mettre les mains autour de la planche et d'attendre que le spinner bouge de lui-même.

Vous pouvez constater que le oui-ja, et à plus forte raison le spiritisme, évolue en fonction des époques et des technologies. Ce qui ne change guère par contre, ce sont les règles à respecter ainsi que les rituels liés aux séances de spiritisme.

III Les règles d'or

Afin d'éviter les problèmes avec les différents Oui-ja qui existent (et d'une manière générale avec toutes les méthodes de contact avec les morts) mais aussi pour faciliter la communication avec les esprits, il faut suivre certaines règles que je vais développer ici.

Ces règles doivent être rappelées à haute voix avant chaque séance. Je ne vous dis pas de relire tout le chapitre à chaque fois, lire ce chapitre une seule fois chacun de son côté pour comprendre les règles suffit normalement, mais il faut systématiquement relire les Règles d'Or (on est bien d'accord, il s'agit des titres de ce chapitre) que vous pouvez trouver à la fin du livre en bonus afin que personne n'oublie les points importants de la communication avec les esprits et que chacun sache quel type de questions poser ou non.

III 1) Les fondamentales

III1 1) Ne jamais jouer seul

Même si vous êtes tenté de jouer seul au oui-ja, même si vous avez une certaine pratique en groupe, même si vous êtes médium, ne tentez pas le diable, ne jouez jamais seul. On ne sait jamais ce qui peut arriver au cours d'une séance : vous pourriez avoir besoin d'aide ou de soutien psychologique et n'avoir personne vers qui vous tourner. Même s'il est tentant de pratiquer seul que ce soit pour débuter ou pour vous perfectionner, ne faites jamais une séance tout seul, attendez toujours d'avoir au moins une personne pour vous y mettre.

On considère en effet qu'il faut toujours être un minimum de deux personnes (de préférence un homme et une femme mais ce n'est pas obligatoire) pour faire une séance car seul, à plus forte raison si on est en situation de fragilité, il est possible que l'entité contactée possède l'esprit du participant. De plus, l'esprit puise dans l'énergie des participants pour faire bouger la goutte. Par conséquent, si on est tout seul, on a moins d'énergie qu'à plusieurs.

Il n'y a pas de nombre maximum mais au-delà de 4 ou 5, il faut de la place et il devient difficile d'arriver à ce que tous les participants se concentrent en même temps sur un même objectif.

III1 2) Ne jamais jouer dans un cimetière

Les cimetières sont des endroits où il y a naturellement des esprits qui n'ont pas trouvé la paix. En théorie, jouer dans un cimetière devrait vous permettre d'arriver rapidement à faire bouger la goutte du oui-ja. Le problème, c'est que vous risquez de réveiller tous les esprits du cimetière, ce qui ferait beaucoup trop d'esprits pour un seul groupe et cela pourrait surtout réveiller beaucoup d'esprits malfaisants en une seule fois.

De plus, on pourrait vous accuser de profanation de sépultures…

Ne jouez pas non plus là où il y a eu un meurtre, un massacre, des maltraitances, cela pourrait attirer des esprits néfastes ou vindicatifs.

III1 3) Toujours être respectueux envers les esprits

Si les esprits positifs apprécient l'humour, la plupart des esprits ne supportent pas les moqueries et le manque de respect même si eux-mêmes se révèlent parfois grossiers et irrespectueux au possible. L'arrogance est aussi quelque chose qui ne leur plait pas beaucoup et qui peut avoir des conséquences fâcheuses pour celui qui en fait preuve. De même, ne vous montrez pas impatient, n'allez pas ordonner aux esprits d'accélérer leur mouvement pour répondre plus vite à votre question, votre impatience serait tout autant nuisible que de l'arrogance ou de l'irrespect.

Le premier risque à vous montrer irrespectueux, c'est que l'esprit s'en aille sans vous avoir donné des réponses. Le plus gros risque vient plutôt des représailles de l'esprit qui pourrait décider de vous apprendre la politesse et le respect de manière violente. Souvenez-vous que ce n'est pas une obligation pour eux de vous répondre, mais cela doit être considéré comme un honneur pour vous. Il faut donc leur parler correctement et vous adapter à la personne qui vous parle.

S'il est important de respecter les esprits qui vous parlent, il est tout aussi important d'être sérieux pendant une séance. Le fait d'être un joyeux luron en temps normal ne vous autorise pas à faire n'importe quoi pendant une séance ce qui pourrait gravement offenser le ou les esprits présents. Ne trichez pas non plus en répondant à la place de l'esprit qui peut très mal le prendre et décider de représailles.

Même s'il s'agit d'une âme bienveillante, si sa réponse ne vous convient pas, n'allez pas lui dire qu'il est fou, menteur, qu'il se paie votre tête… vous pourriez tout aussi bien le vexer pour rien et il pourrait vouloir se venger par la suite.

Dans certains cas, les entités se présenteront sous des patronymes célèbres : Napoléon, Louis XIV, Jeanne d'Arc, Fernandel… Il se peut que ce soit vrai mais il est plus probable qu'il s'agisse d'esprits blagueurs ou de l'un de vos camarades de jeu qui bouge la planchette. Ne vous offusquez pas, remerciez l'entité, dites-lui au revoir (sauf si vraiment vous avez envie de savoir s'il s'agit bien d'une célébrité), et recommencez à appeler une entité. Il ne vous servirait à rien de le prendre mal.

Ceux qui abordent les séances de spiritisme comme un « rite religieux », du moins, avec le même respect que pour une messe ou une cérémonie quelconque, ont très très peu d'ennuis avec les entités, du moins beaucoup moins que les irrespectueux peuvent en avoir.

III1 4) Toujours dire au revoir

Quand vous entrez en contact avec les morts, vous ouvrez une porte sur l'au-delà. Il faut donc la refermer systématiquement à la fin de chaque séance en disant simplement *« au revoir »* et en demandant poliment à l'esprit de repartir. Si vous ne le faites pas, il se peut que la porte reste ouverte même si vous renfermez la planche et que les esprits attirés ne repartent pas. Ils pourraient même vous hanter. Même si vous n'avez pas obtenu de contact, dites quand même *« au revoir »* et *« merci d'être venu et de repartir »* pour le cas où un esprit se serait caché. Vous pouvez également remercier les esprits pour leur réponse afin de les inciter à revenir à la prochaine séance.

III1 5) Enfermer la planche et la goutte quand tout est fini

Ne laissez pas votre matériel sorti si vous ne vous en servez pas. Un esprit qui ne serait pas parti pourrait vouloir s'en servir pour s'échapper de son plan d'existence ou bien quelqu'un d'autre pourrait vouloir s'en servir pour s'amuser sans forcément respecter les règles. Il est préférable de le garder caché dans une mallette / boite dédiée.

Personnellement, j'ai fabriqué une mallette en carton, facile à ranger et facile à transporter, pour pouvoir mettre mes divers oui-ja et pointeurs au même endroit et j'ai laissé à l'intérieur des symboles de protection ainsi que le nécessaire pour purifier la pièce (sauge blanche…). Les petits oui-ja sont dans des pochettes séparées (en plastique ou en carton), pour limiter l'influence qu'un oui-ja peut avoir sur l'autre. Il en va de même pour les pointeurs. Je conseille de couvrir un oui-ja en bois d'une étoffe fine.

III 2) Les autres règles

III2 1) Ne pas vous disputer avec les esprits

Il ne sert à rien de vous disputer avec un esprit, bien au contraire, cela ne peut que vous desservir. Si vous faites une séance de spiritisme, vous avez toutes les chances d'attirer à vous les âmes du bas astral (âmes malfaisantes mais aussi démons) qui vous provoqueront, tenteront de vous faire peur… Ces âmes du bas astral se nourrissent de sentiments néfastes telles que la rancœur, la colère, la peur… Donc, ne vous laissez pas impressionner, n'entrez pas dans leur jeu et ne perdez pas votre sang-froid. Si l'esprit est en colère contre vous, il vous est conseillé de dire une prière et d'arrêter la séance.

Ne vous disputez pas non plus avec un esprit qui viendrait à la place d'un autre. Contentez-vous de le renvoyer si vous tenez vraiment à contacter une personne en particulier, sans vous montrer agressif ou discourtois.

Souvenez-vous que vous avez assez d'ennemis dans la vie réelle pour ne pas vous mettre à dos les habitants du monde invisible par des paroles inconsidérées.

III2 2) Ne pas discuter avec les âmes du bas astral

Il est possible de reconnaître une âme du bas astral par son vocabulaire, souvent grossier et insultant, par les mensonges et la flatterie dont elle fait preuve. Il y a également quelques signes qui prouvent que l'entité qui communique avec vous est une entité néfaste : si la goutte dessine un 8 (signe infini renversé) ou si la goutte se déplace aux 4 coins de la table / planche, c'est qu'une entité maléfique a été contactée. Un autre moyen de les détecter consiste à avoir avec soi une clochette à esprit, sensée se mettre à tinter quand un mauvais esprit se manifeste.

Si des événements bizarres se produisent, comme des apparitions, des sons étranges, des objets qui bougent, il est possible que l'entité soit une âme du bas astral et qu'elle veuille vous faire peur.

Si vous pensez que l'esprit qui discute avec vous est une âme du bas astral, au moindre doute, mettez un terme à la communication, de manière polie mais ferme. Ordonnez-lui de quitter immédiatement la séance, éventuellement remerciez-la d'être venue pour faciliter son départ et renfermez votre jeu.

III2 3) Ne jamais libérer d'entité

Vous me direz, le but d'une séance n'est pas de libérer une entité, sauf exception, mais cela peut arriver malheureusement.

Comme je l'ai déjà dit, n'oubliez jamais de dire *« au revoir »* à la fin d'une séance. Si vous voyez qu'une entité entame un compte à rebours (chiffre ou lettre), stoppez-la tout de suite, dites *« au revoir »*, parce qu'à la fin de son compte à rebours, l'entité pourrait être libérée du Oui-ja et pourrait vouloir vous hanter.

Il en est de même si vous faites tomber votre goutte (ou si vous utilisez une souris d'ordinateur et que vous la faites tomber) ou si la goutte sort du support. Il est vrai que si l'entité, et pas forcément une mauvaise entité, « lance » la goutte en dehors du support, il est possible que ce soit juste parce qu'elle est énervée contre vous ou parce qu'elle veut partir maintenant. Dans ce cas, replacez la goutte sur votre support et dites bien « au revoir » pour éviter de libérer malencontreusement qui que ce soit.

Ne demandez jamais à une entité un signe physique car vous ouvrez une porte vers l'au-delà qui peut permettre à l'entité de vous atteindre et qu'il peut être très difficile de refermer.

Fabriquer un oui-ja rond, avec les lettres et les chiffres en cercle réduirait en théorie les risques de permettre à tout esprit de quitter la planche.

III2 4) Contrôler sa séance

Quoi qu'il se passe, vous devez garder la situation sous contrôle. Si vous ne vous sentez pas capable de contrôler votre séance, n'en effectuez pas, attendez que quelqu'un de plus expérimenté que vous vienne mener la séance. Dans le pire des cas, arrêtez la séance, dites *« au revoir »* à l'entité et renfermez le jeu.

Un des éléments du contrôle de la séance est que personne ne doit quitter la séance avant la fin. Même si l'un des membres est énervé, pressé, fatigué, apeuré… il faut mettre un terme à la séance avant de quitter la table, sinon, il pourrait être poursuivi par l'entité.

Il faut aussi que vous sachiez gérer le fait qu'un des participants pourrait être particulièrement perturbé par la venue d'un défunt. Sans vouloir pour autant quitter la séance, il pourrait se mettre à pleurer, s'émouvoir d'une quelconque manière et donc perturber la séance. Il faut pouvoir calmer ce genre de personne, la calmer quitte à mettre un terme à la séance prématurément mais dans les règles.

III2 5) Se contrôler !

La panique n'a jamais mené nulle part alors contrôlez-vous, gardez votre sang-froid quoi qu'il arrive. Ne quittez pas la table et ne brisez pas le cercle. Cela pourrait accentuer les manifestations des esprits voire leur permettre de se matérialiser, d'entrer dans notre réalité.

Si vous êtes en difficulté face à une entité qui ne voudrait pas partir, souvenez-vous que c'est votre oui-ja et non le sien, reprenez confiance en vous et ordonnez poliment mais fermement à l'entité de quitter les lieux.

Si vous êtes du genre à croire que chaque plancher qui grince indique la présence d'un esprit, ne faites pas de séance chez vous car après une séance, les gens oublient souvent de purifier l'endroit ce qui entraine parfois des manifestations bizarres plusieurs heures après une séance.

On n'en a pas l'impression, mais il est très facile d'ouvrir une porte vers l'au-delà, même sans s'en rendre compte ou sans qu'aucune entité ne vous réponde, mais la refermer est beaucoup plus difficile. Si vous craignez de ne pas parvenir à vous contrôler, ne tentez donc pas le diable et laissez tomber la séance avant de la commencer et de faire quelque chose de peut-être irréparable.

III2 6) Etre en forme

Si vous voulez faire une séance de spiritisme, faites-le un jour où vous êtes bien reposé, en pleine possession de vos moyens physiques et mentaux.

Si vous êtes épuisé, malade ou blessé, votre faiblesse attirera les âmes du bas astral qui se nourriront plus facilement de votre énergie et pourront peut-être vous posséder. Même si c'est le participant qui s'occupe de prendre en notes le message qui n'est pas en forme, ne commencez pas la séance tant qu'il est présent.

De même, ne consommez jamais d'alcool ou de drogue avant une séance, cela vous affaiblirait et vous rendrait sujet à la possession.

Certaines personnes ne se rendent pas forcément compte de leur état de santé avant d'entamer une séance. Elles ont l'impression d'aller bien, d'être en forme alors qu'elles sont épuisées, proches du point de rupture parfois. Elles ne se rendent pas compte qu'elles ne sont pas en état de participer et encore moins de diriger une séance. Il est donc important d'avoir un regard très objectif sur sa propre santé et sur celles des autres participants avant d'entamer une séance, de la reporter au besoin.

Il est fortement déconseillé aux personnes handicapées, qu'elles aient un appareil ou non, que le handicap soit physique ou à plus forte raison mental, de participer à des séances. En effet, ces handicaps sont parfois révélateurs de faiblesses physiques ou mentales qui pourraient faciliter une possession. Les séances sont fortement déconseillées aux personnes cardiaques, surtout porteuses d'un pacemaker à cause de l'énergie qui circule dans la pièce et qui pourrait perturber leur appareil. D'autres appareils électriques pourraient être affectés : appareil auditif, fauteuil roulant… Je rappelle que je ne suis pas médecin et je vous conseille de faire appel à votre bon sens : si vous avez le moindre doute sur le fait qu'une séance puisse nuire à votre santé à cause de problèmes déjà existants, n'en faites pas, c'est bien mieux pour vous.

Entre deux séances, je vous conseille d'aller voir un magnétiseur pour vous rendre des forces et vous débarrasser des miasmes ou des diverses larves éthériques qui pourraient s'être attachés à vous. Vous n'êtes pas forcé d'y aller après chaque séance, mais je le conseille, surtout si vous vous sentez anormalement fatigué après une séance.

Il vous est également conseillé de vous reposer un peu avant une séance, histoire d'être bien détendu avant de commencer le travail et d'avoir une meilleure défense physique et mentale contre les esprits qui pourraient vouloir vous causer du tort.

III2 7) Etre bien protégé

Beaucoup de médiums se montrent superstitieux à tort ou à raison et ont sur eux des médailles de saints. Lorraine Warren, une médium américaine connue, conseillait de protéger les participants à des séances de spiritisme, notamment la personne à qui était déjà apparu un fantôme, par des médailles religieuses ou par des prières.

Vous pouvez utiliser des plantes comme la sauge blanche amérindienne ou la lavande pour vous protéger mais ce n'est pas suffisant.

Vous pouvez aussi avoir avec vous des symboles de protection comme la main de Fatma qui repousse le mal, le triscèle / la triquetra ou le quadriskell / quatriquetra, le sceau de Salomon, l'œil d'Horus… peu importe du moment que vous y croyez, que vous avez confiance en ce symbole. Je ne conseille pas le pentagramme, car inversé, il représente le mal. Vous pouvez aussi placer une pièce en argent sur le plateau pour repousser les mauvais esprits ou vous pouvez imaginer qu'une lumière blanche vous entoure et vous protège.

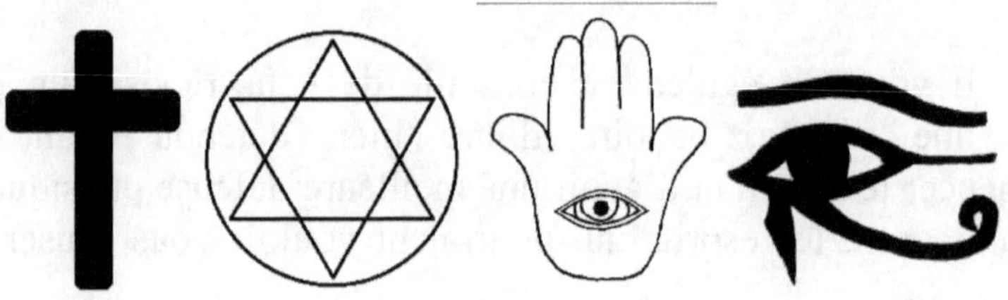

Toute personne participant à une séance, à plus forte raison un médium, est susceptible d'être possédée et contrôlée par une entité. Dans certains cas, la possession ne dure que le temps de la séance et permet à l'entité de s'exprimer plus rapidement et plus clairement que par la simple utilisation de la planche. Cependant, l'entité peut aussi ne plus vouloir quitter le corps de la personne, alors faites attention et si vous sentez la moindre tentative d'intrusion dans votre corps, stoppez la séance, rangez votre matériel et purifiez la pièce avec de l'encens de sauge blanche amérindienne. Cela suffit souvent à faire partir les entités.

III2 8) Ne pas détruire le matériel

A moins de très gros ennuis avec les esprits et de ne vraiment plus savoir quoi faire d'autre, ne tentez ni de brûler la planche, ni de briser le verre, ni de détruire aucune autre méthode de contact. Cela pourrait offenser gravement l'esprit qui pourrait vous le faire payer et revenir vous hanter. Essayez plutôt de le faire partir par l'encens ou simplement en vous montrant ferme et confiant en vos protections.

III 3) Les questions à poser ou non

Le oui-ja est avant tout un moyen de communication avec les morts ce qui implique de parler essentiellement du passé ou de discuter avec des personnes décédées. Cependant, il arrive fréquemment que les pratiquants en profitent pour poser des questions sur leur avenir. Ce support peut alors devenir un moyen de divination assez efficace selon l'entité contactée. Quelle que soit la raison de communiquer, il y a certaines questions à poser ou non et d'autres à poser en premier.

En théorie, vous pouvez poser les questions que vous voulez mais il faut que vous ayez en tête que primo, les entités qui vous répondent peuvent très bien vous mentir, et secundo, ce n'est pas parce que les entités sont immatérielles qu'elles sont omniscientes.

De même, votre moralité, bonne ou mauvaise, ne vous garantit ni la véracité de la réponse qu'une entité peut vous fournir, ni même d'avoir la moindre réponse. Enfin, la façon dont on interprète les réponses détermine un certain risque à l'utilisation du Oui-ja.

III3 1) Demander l'identité de l'entité qui entre en contact

La première question à poser après la traditionnelle *« Esprit es-tu là ? »*, devrait toujours être *« Qui es-tu ? »* ou *« Quel est ton nom ? »*. Cela vous permettra déjà de savoir s'il s'agit d'un proche, d'un personnage célèbre, d'un ange ou bien encore d'un démon (en supposant que l'entité ne vous mente pas) et d'adapter votre attitude en conséquence.

Si l'entité se présente comme étant l'un de vos proches, demandez-lui son nom et ses prénoms, ceux qu'elle portait de son vivant, voire quand c'est possible, le nom de jeune fille s'il s'agit d'une femme afin d'éviter toute confusion. Après tout, votre défunt peut très bien avoir un homonyme qui s'ennuie et qui voudrait parler à des vivants l'appelant bien malgré eux. Eventuellement, demandez-lui sa date et son lieu de naissance, cela pourra limiter les confusions de ce type.

Si l'entité vous répond le nom d'un démon, mettez un terme à la conversation car il est fort probable qu'à défaut d'avoir affaire à un vrai démon, vous ayez affaire au moins à un esprit du bas astral. En effet, un ange ou un proche n'a pour ainsi dire aucune raison de se faire passer pour un démon, si ce n'est le désir de vous effrayer pour vous forcer à interrompre la séance. Si l'entité vous répond qu'elle est un ange, vérifiez ses propos, car un démon pourrait très bien vous leurrer pour pouvoir mieux vous influencer…

Les entités ne se présentent pas forcément sous leur véritable identité et ce, dans le but d'abuser de la crédulité des participants que ce soit juste pour s'amuser ou pour leur nuire. Ces entités là sont très souvent des âmes du bas astral mais pas forcément. Quelqu'un qui appellerait par exemple un archange en particulier, pourrait très bien recevoir la visite d'un ange sous ses « ordres » pour répondre à sa place. L'usurpation, bien que réelle, serait presque systématiquement sans conséquence dans ce type de cas, car l'ange répondant à l'appel aurait à cœur d'aider l'appelant.

III3 2) Poser des questions vérifiables ou piégées

Posez des questions dont vous pouvez vérifier facilement et/ou rapidement la réponse : quand sortira le prochain livre de mon auteur préféré, quel est la cote de tel livre à la bibliothèque, où se trouve tel objet... vous pouvez même demander les numéros du prochain loto, vous aurez peut-être la chance de tomber sur une entité devineresse qui vous rendra riche, mais je vous déconseille d'effectuer une séance pour une raison pareille, il y a trop de risques d'attirer des entités négatives pour rien.

Dans le cas d'un contact avec vos proches, demandez toujours une preuve tangible au défunt de son identité. Qu'il vous dise quelque chose que seul lui et vous savez, ou même que seul lui peut savoir mais que vous pouvez vérifier par la suite. Bien avant la séance, demandez à un proche du défunt qui ne sera pas présent, la question que lui, lui poserait, sans pour autant qu'il vous donne la réponse. Ainsi, vous pourrez confirmer l'identité de l'esprit bien après la séance sans que votre inconscient ait pu vous jouer le moindre tour.

Posez des questions pièges que vous pouvez vérifier. Demandez-lui quel est le prénom de sa mère tout en pensant très fort à un autre prénom que le sien. Si l'entité répond le prénom que vous avez en tête, soit c'est votre inconscient qui parle, soit l'entité est capable de lire dans les esprits mais en aucun cas, l'entité n'est la personne qu'elle prétend être. Si elle répond le bon prénom, il y a toujours une possibilité que votre inconscient parle, mais il est plus probable que ce soit réellement le défunt avec qui vous cherchez à communiquer. Dans le genre question piège, vous pouvez lui demander le prénom de sa sœur s'il n'en a pas, de son fils s'il a une fille et inversement. S'il se laisse piéger, presque à tous les coups, l'entité vous ment même s'il y a toujours la possibilité d'un secret de famille dont vous ignorez l'existence. Posez toujours la question à ses proches au cas où.

Si vous avez contacté l'esprit d'une personne célèbre, vérifiez tous ses dires et posez-lui des questions très précises. Par exemple, si vous contactez un grand chef de guerre, questionnez-le sur ses stratégies durant telle ou telle bataille, et vérifiez au besoin auprès d'un spécialiste de la bataille. N'importe qui, dans l'assistance ou dans l'au-delà, qui aurait un minimum étudié une époque que ce soit à l'école ou en lisant un livre ou article, pourrait vous donner les grandes lignes d'une bataille célèbre, dire qui a gagné et qui a perdu, le nombre approximatif de morts… mais il ne serait pas capable de vous donner tous les détails d'une bataille que seul un spécialiste connaitrait. Il faut vous montrer particulièrement sceptique lorsqu'une entité se présente comme célèbre, car la plupart du temps, cette entité souhaite surtout se faire mousser et induire le consultant en erreur.

La question piège/vérifiable n'est pas là pour ennuyer l'entité ou pour l'insulter d'une quelconque manière, elle est utile pour démasquer toute manifestation frauduleuse des esprits.

III3 3) Poser des questions simples, claires et précises

Pour obtenir des réponses, il faut poser des questions claires, nettes et précises, sans ambigüité, et si la réponse peut être « oui » ou « non », ce sera encore plus simple et plus rapide.

Il ne faut pas poser deux questions en une, mais deux questions distinctes. Par exemple : *« Mon fils et ma fille vont-ils trouver un emploi rapidement ? »*. L'entité peut répondre un « oui » parce que les deux vont vite trouver un emploi, mais si seulement l'un des deux va en trouver un, il ne saura pas quoi répondre. Aussi, il vaut mieux demander *« Mon fils va-t-il trouver un emploi rapidement ? »* puis, après obtention de la réponse, *« Ma fille va-t-elle trouver un emploi rapidement ? »*.

Ne suggérez jamais une réponse afin d'éviter que l'entité abonde dans votre sens pour vous plaire ou qu'un autre participant triche pour vous faire plaisir (consciemment ou non). Par exemple, ne dites jamais : *« Mon entreprise ne va pas couler, pas vrai ? »*. Là, non seulement, vous montrez que votre entreprise a des problèmes mais qu'en plus, vous craignez vraiment que ces problèmes la fassent couler. Il vaut mieux dire : *« Est-ce que mon entreprise va faire plus de bénéfices ? »* ou encore *« Comment mon entreprise peut-elle faire plus de bénéfices ? »*. En effet, vous ne révélez pas que votre entreprise traverse des difficultés en ce moment, et vous envisagez l'avenir de votre entreprise.

Ne posez pas des questions idiotes, car à question idiote, réponse idiote. En plus de perdre votre temps, vous risquez d'offenser l'entité qui pensera que vous la prenez pour un crétin, ce qui peut avoir des répercutions. Si vous voulez obtenir des réponses cohérentes et intelligentes, posez des questions cohérentes et intelligentes.

III3 4) Ne pas poser deux fois la même question

Comme tout type de moyen de communication avec les morts ou de divination, il est inutile de poser deux fois la même question s'il ne s'est rien passé de notable entre les deux « questions » car cela énerve l'entité qui a l'obligeance de vous répondre.

Si la première fois, la réponse n'est pas concluante, passez à autre chose, arrêtez ou posez la question d'une autre façon. Il est possible que si la réponse n'est pas claire, c'est parce que la question est mal posée. Si la question était posée clairement et que la réponse ne vous convient pas, ne vous offusquez pas, cela ne vous avancera en rien. Si vous insultez ou manquez de respect à l'entité, vous le regretterez. Contentez-vous de la réponse obtenue, attendez la prochaine séance pour reposer la question et faites ce qu'il faut pour que la réponse soit différente. Par exemple, si la question portait sur vos prochaines analyses de diabète, faites un régime plus strict pour que vos résultats soient meilleurs.

III3 5) Eviter les questions inutiles

D'une manière générale, si vous désirez entrer en communication avec les morts, c'est que vous souhaitez obtenir une réponse, un message d'un défunt.

La plupart des gens souhaitent savoir si leurs proches vont bien, s'ils sont heureux, s'ils ont retrouvé des gens qu'ils connaissaient. Bien que les réponses à ces questions apportent un certain réconfort à ceux qui les posent, elles sont néanmoins inutiles et n'apportent que rarement une aide dans la compréhension du phénomène. Elles permettent en outre aux escrocs d'attendrir le client désireux de réconfort. Un escroc vous dira forcément que votre défunt est heureux, en paix, qu'il n'a plus mal, qu'il a retrouvé ses proches morts pour que vous soyez ému et tellement bouleversé, que votre cerveau ne fonctionne pas suffisamment bien pour vous rendre compte de la duperie. Ne vous fiez donc pas aux phrases du genre : *« je ne te l'ai pas dit assez, mais je t'aimais »* ou *« je suis désolé de t'avoir laissé... »*... ce sont des phrases trop générales qu'on a souvent envie d'entendre et qui ne prouvent en rien que l'entité est bien qui elle prétend être ni même qu'il y ait bien une entité présente dans la pièce.

D'une manière générale, les spirites considèrent comme irrespectueux de déranger les esprits pour des questions sans importance, pour des questions dont la réponse n'est pas capitale pour vous aider à évoluer dans votre vie. Elles peuvent être utiles pour démasquer des fraudeurs mais il ne s'agit pas de contacter une entité juste pour des questions sans intérêt.

III3 6) Ne pas poser de question sur la mort

C'est une mauvaise idée ! A moins vraiment de vouloir élucider une affaire criminelle, et même là, ce n'est pas conseillé, ne demandez jamais à une entité comment elle est morte. Cela peut lui rappeler de mauvais souvenirs, la faire souffrir inutilement, et la braquer contre vous car elle peut considérer cela comme un manque de respect.

Ne demandez jamais la date de votre mort (ou celle de quelqu'un d'autre), ni si c'est pour bientôt ou non (que ce soit pour vous ou pour un autre). Par exemple, si le oui-ja vous apprend que vous pourriez bientôt mourir dans un accident de voiture, ce n'est pas forcément parce que vous allez vraiment mourir dans un accident, mais c'est plutôt un message d'avertissement qui vous met en garde contre votre façon de conduire. Les messages peuvent être considérés soit comme une prémonition soit comme un avertissement. Ceci étant, la réponse à ce genre de question peut provoquer un changement de comportement et pas forcément dans le bon sens. Si la planche vous révèle que vous allez mourir d'un cancer des poumons parce que vous fumez trop, oui, vous pouvez opérer un changement de comportement qui vous sauvera (ce qui fera que la planche se sera trompée), mais si la planche vous dit que vous allez mourir de vieillesse dans 50 ans, vous pourriez vous croire invincible et ne plus prendre aucune précaution pour quoi que ce soit, comme par exemple, foncer en voiture et avoir un accident qui vous coûtera la vie (ce qui fera que la planche se sera trompée encore une fois).

III3 7) Eviter les questions sur Dieu

Tout le monde a envie de savoir si Dieu existe vraiment, comment il est, si notre religion est la bonne, si nos croyances sont conformes à la volonté de Dieu …

Le problème avec le oui-ja, c'est que le mouvement de la planchette peut être dû à l'inconscient des participants, et c'est celui qui a la conviction la plus forte peut faire bouger le pointeur, inconsciemment ou non. Autrement dit, si l'un des participants est athée et l'autre est un vrai croyant pur et dur, c'est le croyant qui verra ses croyances confortées, qu'elles soient justes ou non. Maintenant, s'il y a un athée qui croit dur comme fer que Dieu n'existe pas, et s'il y a un croyant, non pratiquant, quelqu'un qui a été éduqué dans une religion mais qui y croit sans plus, c'est l'athée qui verra ses convictions confortées et le croyant qui pourrait perdre définitivement la foi alors que la réponse viendrait juste d'un inconscient particulièrement fort.

III3 8) Ne pas poser de question sur l'innocence ou la culpabilité d'une personne

Quel que soit le crime ou le délit, ne demandez jamais la culpabilité ou l'innocence d'une personne car la réponse pourrait être influencée par votre inconscient, vos préjugés… De plus, certaines entités du bas astral pourraient vouloir s'exprimer sur des sujets qui leur tiennent à cœur ou pour nuire (à vous ou à la personne suspectée). Par exemple, une personne raciste de son vivant, ne cesse pas de l'être en mourant. Si vous l'interrogez sur l'innocence d'une personne issue d'un peuple qu'elle détestait, l'entité vous répondra probablement qu'elle est coupable pour que vous en veniez à penser comme elle.

En revanche et à défaut de poser des questions sur la culpabilité d'une personne, vous pouvez demander où se trouve l'objet qu'on vous a dérobé, éventuellement, où se trouve un corps...

III3 9) Eviter de poser des questions sur l'avenir d'une personne, sa vie privée ou ses sentiments

Afin d'éviter toute modification tragique du cours de la vie d'un individu, évitez de poser des questions sur son avenir. Evitez également les questions sur les sentiments et la vie privée d'une personne car la réponse peut toujours être influencée par votre inconscient, vos désirs, vos préjugés…

Ceci étant, il est fréquent d'utiliser le oui-ja pour connaître son avenir et si vous tombez sur une entité devineresse, cela pourrait vous aider. Mais je vous conseille de rester très prudent envers les révélations divinatoires que pourraient vous faire des entités et de ne pas oublier que certaines prédictions sont faciles à faire pour tout le monde. Par exemple, vous avez perdu un emploi et vous vous demandez si vous allez bientôt en retrouver un. Statistiquement parlant, vous avez plus de chance de trouver un emploi pendant la période des vacances d'été que le reste de l'année. Aussi, si elle vous dit juste que vous allez trouver un emploi cet été, ne la prenez pas forcément pour une entité devineresse, mais juste pour quelqu'un de logique. Il en va de même pour de nombreuses questions sur votre avenir (comme il en va de même si vous consultez des voyantes pour votre avenir).

De plus, certaines entités pourraient vouloir vous répondre juste pour vous influencer, notamment négativement. Or, ce type de questions attire souvent les entités négatives qui apprécient souvent de donner leurs avis sur des préoccupations quotidiennes pour lesquelles il est plus facile et parfois plus distrayant de répondre (même si la réponse est fausse) qu'à des questions concernant une bataille.

III3 10) Lecture et interprétation des réponses

Les messages sont parfois durs à décoder, à comprendre. Les communications ne sont pas toutes aussi fluides qu'un coup de fil ou un mail notamment lors de premiers contacts, que ce soit avec l'entité contactée en particulier ou alors toute entité confondue. Il faut en tenir compte dans votre interprétation du message reçu.

Certaines entités n'ont pas forcément un niveau scolaire très élevé. Aussi, lorsqu'elles vous répondent, elles peuvent faire des fautes : parfois, certaines lettres muettes seront absentes, il peut y avoir des erreurs de grammaire... Il faut donc souvent lire phonétiquement le message reçu. Dans certains cas, l'entité pourrait aussi écrire en abrégé, en langage SMS, par ancienne habitude héritée de son vivant ou par « flemme » de tout écrire correctement, tout dépend de la manière dont le défunt communiquait de son vivant, du message qu'il veut transmettre et du temps et de l'énergie qu'il peut avoir pour le transmettre ou bien encore parfois parce qu'il est pressé de délivrer son message.

Dans certains cas, le message est délivré « à l'envers ». Autrement dit, quand vous lisez le message, il faut le lire de droite à gauche. Par exemple, pour écrire *« demain »*, l'entité vous désignera les lettres dans cet ordre : *« niamed »*. Vous pourriez donc avoir du mal à comprendre le message au premier abord.

Si vous contactez un défunt d'un autre siècle, il est possible qu'il s'exprime dans un patois de son époque ou simplement avec des tournures de phrases peu usitées à notre époque. Si vous contactez un défunt récent, il s'exprimera lui aussi à la manière dont il s'exprimait de son vivant, dans une autre langue s'il était étranger. S'il s'agit d'une entité de langue étrangère à la vôtre, il se peut qu'elle parle quand même dans votre langue si elle parvient à capter votre langage via votre inconscient mais il est plus probable qu'elle parlera dans sa langue natale. Aussi, n'hésitez pas à entrer le message sur un logiciel de traduction, à regarder dans un dictionnaire ou à aller voir quelqu'un qui parle la langue qui semble être utilisée.

S'il s'agit d'une entité positive tel un ange, son langage sera souvent plus érudit que celui des gens du commun, à l'inverse, une entité négative aura souvent un vocabulaire moins évolué, plus agressif, plus vulgaire. Certains messages seront parfois menaçants ou chaleureux selon leurs diverses provenances.

Les âmes du bas astral vous fourniront des réponses erronées, vous mentiront, se joueront de vous. Quelques rares âmes du bas astral vous fourniront des réponses justes mais ces réponses ne seront pas légion avec elles.

Par contre, d'autres âmes pourraient vous répondre juste mais sans que vous le compreniez tout de suite parce que certaines réponses peuvent être sibyllines. Il faut donc savoir interpréter les réponses que vous recevez, et savoir les interpréter correctement pour en tirer profit. Un peu comme la pythie de Delphes qui recevait des réponses des dieux et dont il fallait interpréter les réponses correctement sous peine de grandes pertes (le roi Crésus a mal interprété la réponse faite par la Pythie : *« Si Crésus traverse l'Halys, un grand empire sera détruit »*, il pensait que la Perse serait vaincue et finalement, ce fut son royaume qui fut détruit.).

Avant de déduire que l'entité se joue de vous, vérifiez donc toutes les possibilités de lecture et d'interprétation des messages qu'elle vous envoie.

IV Une séance traditionnelle

Lors d'une séance de spiritisme avec une planche oui-ja, la goutte du oui-ja, tenue par tous les participants, se déplace sur la planche sous l'impulsion de l'esprit qui dicte alors son message, probablement grâce aux mouvements inconscients (voire conscients dans le cas d'escroquerie) du médium. Pour arriver à ce résultat, il est nécessaire de suivre un protocole assez simple avant la séance, pendant et après.

IV 1) Avant la séance

IV1 1) Pourquoi communiquer avec les esprits ?

La plupart des participants à une séance de spiritisme cherchent à obtenir des réponses à des questions, à avoir des nouvelles d'un proche défunt, un message… Ces communications permettent souvent de passer à autre chose, d'aller de l'avant, de se résigner à la perte d'un proche, d'atteindre un niveau spirituel plus élevé, de trouver leur mission de vie.

Certains participants cherchent juste à se rassurer sur leur avenir, sur ce qui se passera après leur mort ou alors à pouvoir se dire qu'ils sont spéciaux puisqu'ils parviennent à contacter le monde invisible.

Dans certains cas, les participants cherchent juste à obtenir des informations sur la vie après la mort, sur Dieu ou sur d'autres questions existentielles. L'ennui, c'est que les réponses peuvent être influencées par les croyances des participants. Il faut donc être particulièrement ouvert d'esprit et détaché pour obtenir des réponses objectives. Pour ce type de questionnement, il vous est conseillé d'agir par étape. Commencez par des petites séances avec des questions simples et vérifiables. Puis, posez de plus en plus de questions et des questions de plus en plus difficiles. Prenez toujours soin de vérifier ces réponses, ou du moins d'essayer, ne soyez pas naïf, ne prenez pas toutes les réponses pour argent comptant.

Dans d'autres cas, des personnes ont pu entendre parler de cette méthode et par curiosité ou par jeu, vont vouloir essayer ce qui peut leur attirer pas mal d'ennuis car les entités ne sont pas toutes compatissantes. De même, d'autres vont vouloir simplement prouver qu'elles n'ont pas peur du monde invisible. Je conseille à ces dernières de se trouver une autre activité où mettre leur courage à l'épreuve afin d'éviter de mauvaises surprises car nombreux sont les esprits qui n'aiment pas les vantards et les fiers-à-bras.

IV1 2) Quand communiquer avec les esprits ?

Lorsqu'une personne décède, elle est sensée poursuivre son évolution soit en se réincarnant, soit en allant dans d'autres plans d'existence, soit en accédant au Paradis ou à l'Enfer.

Beaucoup de défunts ne souhaiteraient donc plus communiquer avec les vivants pour ne pas être influencés par les énergies terrestres qui les empêcheraient d'évoluer. Ainsi, la plupart accepteraient encore des contacts dans les jours qui suivent leurs morts mais les refuseraient au-delà d'une quarantaine de jours. D'autres souhaiteraient au contraire communiquer pendant les siècles qui suivent leur trépas. Cela dépend de la personnalité du défunt, de ce qu'il souhaite obtenir en communiquant (le pardon, la délivrance d'un message…).

Personnellement, je ne vous conseille pas de communiquer indéfiniment avec un même défunt, d'abord parce que vous attirez des énergies négatives vers vous, ensuite, un esprit qui communiquerait en permanence avec vous a de fortes chances d'être une âme du bas astral souhaitant vous manipuler. Une personne qui vous aime vous permettra de faire la paix avec elle, de lui dire au revoir, elle vous donnera peut-être des conseils, puis vous laissera faire votre vie et prendre vos propres décisions.

D'une manière générale, il est préférable de tenter de communiquer avec les esprits à la nuit tombée, ce qui est propice à un climat de peur (dans le cas d'une escroquerie, c'est bien pratique !) et donc qui peut attirer plus facilement des âmes du bas astral, mais cela peut très bien se faire en journée, ce qui est beaucoup moins propice à la peur ! La nuit d'Halloween, il parait que la communication avec les esprits est plus facile mais elle est également plus risquée car il n'y a pas que les morts que l'on a aimés qui reviennent cette nuit-là…

Il est déconseillé de tenter de communiquer avec les morts entre 4 et 8 heures du matin, selon certains spirites parce que c'est l'heure où la vie reprend que ce soit en ville ou dans les campagnes. Cela perturbe les fluides essentiels à la communication en créant des parasites qui nuisent aux esprits qui risquent des perturbations karmiques s'ils se manifestent quand même. En ce qui me concerne, c'est beaucoup plus simple que cela : il faut être en forme pour pratiquer une séance et à part les noctambules, à 4 heures du matin, la plupart des gens ne sont pas bien réveillés et juste après le petit déjeuner, faire appel aux esprits n'est pas forcément la meilleure idée qui soit …

Quant aux noctambules, je déconseille de faire une séance après une fête, un séjour en boite de nuit ou dans un bar. En effet, même si vous avez l'impression d'être en forme, vous êtes sûrement trop ivre pour effectuer une séance. Cependant, même si vous avez l'habitude de travailler la nuit et que vous n'avez pas bu une goutte d'alcool ni consommé de drogue, je vous déconseille quand même de faire une séance à ces heures là, car vous serez probablement en état de fatigue.

IV1 3) Qui contacte-t-on avec un oui-ja ?

On peut contacter tout le monde et personne à la fois aux dires des diverses théories. Selon certains, c'est notre inconscient qui fait bouger la planche et par conséquent, on ne s'adresse à personne en particulier. Selon d'autres personnes, le spiritisme nous donne accès aux mémoires Akashiques (sorte d'inconscient collectif où la mémoire de toute personne vivante ou morte serait stockée) et par conséquent, ce serait non pas au défunt lui-même qu'on pourrait s'adresser mais on pourrait accéder à sa mémoire.

Il est parfaitement possible de contacter quelqu'un que vous avez connu, un membre de votre famille, un ami... II est même conseillé de contacter un proche lors d'une première séance parce qu'un proche qui vous aimait, qui serait venu vous voir spontanément de son vivant, a plus de chance d'accepter de se déplacer une fois mort. Cependant, certains pratiquants considèrent qu'on ne peut convoquer un défunt en particulier, que ce n'est pas respectueux envers lui, qu'il vaut mieux laisser venir les entités qui veulent s'exprimer à travers vous. Dans ce cas, après avoir demandé si l'esprit est là, vous pouvez lui demander de se présenter afin de savoir à qui vous vous adressez.

Il est également possible de contacter des âmes du bas astral, des démons, des anges, des maîtres ascensionnés… Tout dépend de l'énergie que vous émettez et avec qui vous cherchez à entrer en contact.

Il est possible aussi de contacter des personnes célèbres, des héros de guerre, des grands dirigeants, des stars… désirant être à nouveau le centre d'attention ou bien voulant rétablir certaines vérités sur leur compte… Cependant, il est conseillé de se méfier des entités qui se présentent comme étant des personnes célèbres et de vérifier tous leurs dires car la plupart du temps, c'est l'inconscient ou la conscience d'un participant qui parle ou bien une entité du bas astral qui se fait passer pour quelqu'un de plus important qu'elle ne l'est.

Si vous n'êtes pas décidé à faire de nombreuses séances, mais juste une ou deux, soit pour vous amuser soit pour contacter un proche, il y a peu de chance que vous attiriez un guide. Mais si votre but est de vous lancer dans le spiritisme pour obtenir des réponses concrètes sur des sujets importants, il est possible qu'un esprit, souvent un esprit de lumière, décide de vous guider dans votre cheminement, voire de vous protéger. Il peut s'agir d'un proche décédé (même quelqu'un qui vous a fait du tort ou qui vous a ignoré et qui voudrait pouvoir se racheter), d'un ange voulant vous protéger ou vous aider dans votre cheminement spirituel, d'un ancien scientifique qui voudrait poursuivre son œuvre … Par exemple, le docteur Lang, médecin anglais du siècle dernier, continuerait de consulter et soigner malgré sa mort, en se servant d'un medium qu'il choisit. Il n'utilise pas de oui-ja, il possède directement son médium, mais d'autres scientifiques continuent parfois de fournir des questions à ceux qui les interrogent.

Si vous êtes sûr des intentions de l'entité qui se présente à vous (encore une fois, ne soyez pas naïf, vérifiez ses dires avant de lui faire confiance), qu'elle vienne simplement pour vous protéger, pour vous guider, ou pour vous aider à poursuivre vos recherches, invoquez cette entité avant chaque séance. Vous aurez ainsi plus de garanties d'avoir les réponses à vos questions et que la séance se déroule sans problème.

IV1 4) Où et dans quelle ambiance faire une séance ?

Vous pouvez faire des séances n'importe où sauf à proximité ou dans un cimetière !

Les lieux où des morts violentes se sont déroulées doivent être évités car les âmes restent souvent bloquées dans ce lieu. De même les endroits où les gens ont beaucoup souffert comme les prisons, mais aussi les hôpitaux, les asiles… même si ces endroits sont reconvertis en habitations, sont à éviter pour ne pas attirer à vous des entités en colère ou désireuses de se venger, ou bien ne sachant même pas qu'elles sont mortes. Cependant, si vous voulez entrer en contact avec quelqu'un de décédé violemment pour essayer de savoir ce qui s'est réellement passé, alors l'endroit où il est décédé est le plus indiqué.

Les maisons réputées hantées ne sont pas forcément les meilleurs endroits pour entrer en contact avec les entités car bien souvent, les esprits ne sont plus là depuis longtemps. Il s'agit la plupart du temps de poltergeists ou de mémoires des murs. Cependant, il existe bien des demeures hantées dont les fantômes souhaitent communiquer avec les vivants. Si vous avez vu le fantôme d'une personne dans un lieu bien particulier, le mieux est de vous placer à proximité pour faciliter la communication car la plupart des morts hantent un lieu et n'apparaissent qu'en ce même lieu.

Il est possible d'effectuer la séance dans sa chambre, dans son salon, dans une maison qui appartenait au défunt que l'on cherche à contacter. Cependant, je vous déconseille de le faire dans votre chambre à coucher (ou dans n'importe quelle chambre à coucher d'ailleurs) à cause des ondes négatives émises lors d'une séance qui peuvent par la suite vous empêcher de dormir correctement et de reprendre des forces.

Certains médiums vous diront que vous pouvez faire une séance n'importe où et dans n'importe quelles circonstances. D'autres au contraire, vous diront qu'il faut une ambiance sombre, dans une pièce fermée éclairée aux chandelles avec juste assez de lumière pour lire les lettres et les retranscrire, sans bruit de téléviseur, radio ou téléphone. Il n'y a rien de certain. Mais une ambiance détendue, sereine est préférable pour attirer les bons esprits.

IV1 5) Préparation de la salle et des personnes

Pour parvenir à communiquer, il est souvent nécessaire de créer d'abord une ambiance favorable.

Outre la lumière tamisée, il est possible de purifier la pièce avec de l'encens (oliban, sang de dragon…) ou de la sauge blanche amérindienne pour faciliter l'attraction d'entités positives.

Vous pouvez également prier, ce qui est sensé éloigner les entités négatives, et faire une minute de silence avant le début de la séance afin de mieux pouvoir vous concentrer.

La lumière des chandelles (chandelles violettes ou blanches) et l'encens (benjoin, bergamote…) sont des éléments qui aident à la concentration et à la communication. L'un comme l'autre doivent être posés sur une autre table que sur la table où est posé le oui-ja afin d'éviter les incidents si la table où se trouve le oui-ja venait à bouger… Bien que l'éclairage électrique soit tout à fait possible, je conseille de laisser une vraie bougie allumée, éventuellement dans une lanterne pour éviter les risques d'incendie, car elle va être comme un phare pour les esprits. Il en va de même pour l'encens, il faut un vrai encens pour attirer les bonnes entités.

Il est aussi conseillé de couvrir les miroirs avec une étoffe opaque noire. En effet, selon certaines croyances, voir le reflet d'un défunt dans un miroir pouvait encourager le défunt à errer et à vous hanter. De plus, mettre ces étoffes, protégeait les gens des esprits négatifs qui pouvaient traverser le miroir pour venir les hanter.

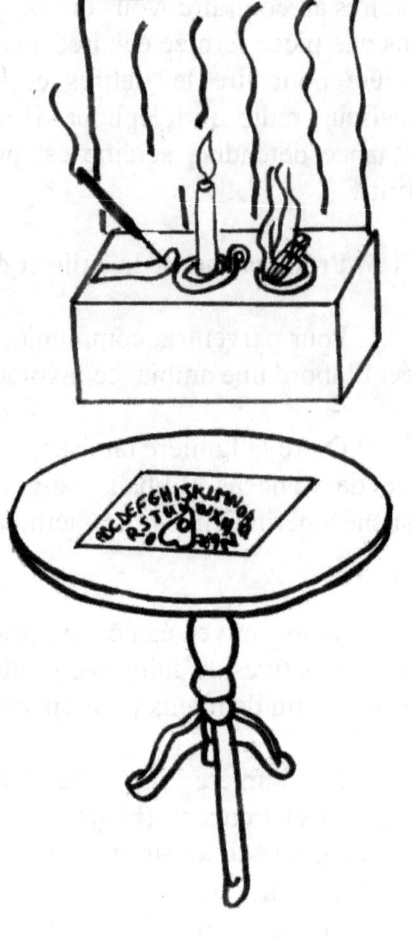

Il est également nécessaire d'être reposé et détendu avant la séance sans toutefois avoir consommé de l'alcool ou de la drogue qui vous affaiblissent. N'hésitez pas à faire une petite sieste avant la séance, à vous allonger quelques minutes sur votre lit ou sur votre canapé, surtout si vous rentrez du travail ou si vous avez eu une rude journée. Vous pouvez aussi vous purifier afin de dissiper les influences négatives qui vous entourent. Pour cela, vous pouvez utiliser de l'encens, de l'eau (salée de préférence, lavez-vous les mains et le visage). Il vous est conseillé de porter une tenue sobre, pas nécessairement noire, mais évitez le bikini et le costume de cosplay ! Autrefois, les gens étaient habillés en noir et se montraient très sérieux voire un peu comme s'ils revenaient de l'enterrement d'un proche. Ce n'est pas absolument nécessaire.

Veillez juste à être respectueux dans votre comportement et adoptez une tenue dans laquelle vous êtes à l'aise sans être provocant d'une quelconque manière.

Si vous voulez contacter quelqu'un en particulier, vous pouvez placer une photo de cette personne, un objet qui lui appartient, ou à défaut, inscrire sur un papier : son nom et son prénom ainsi que sa date de naissance voire de mort.

Avant de commencer à utiliser un oui-ja, vous pouvez le dépoussiérer, le frotter avec de la soie pour enlever les « aspérités » et faire en sorte que la goutte se déplace facilement.

Il se peut que vous ayez envie de filmer la séance afin de pouvoir prouver que vous avez bien communiqué avec l'au-delà. Je ne suis pas sûre que ce soit une bonne idée. D'un côté, en cas de gros problème, la vidéo peut être une preuve de votre non culpabilité. D'un autre côté, l'esprit peut, pour diverses raisons, ne pas approuver que vous filmiez la séance (sans compter les participants qui ne sont pas tous d'accord pour cela, veillez à respecter les lois en la matière). Je vous conseille de demander directement à l'entité que vous contactez si elle est d'accord pour que vous filmiez la séance et de respecter son choix.

Vous devez savoir pourquoi vous (ou le groupe) voulez communiquer avec les morts (obtenir des réponses, dire au revoir…), mais vous ne devez rien attendre de particulier de cette communication. La pression pourrait vous empêcher de réussir tout comme des désirs, même inconscients, d'obtenir une réponse particulière.

Si vous êtes nombreux, désignez quelqu'un qui ne prendra pas tout à fait part à la séance mais qui restera en retrait pour noter tout ce que la planche dira. Celui-ci devra prendre des notes en toute discrétion, relevant les lettres désignées au fur et à mesure sur du papier normal. Par contre, il est conseillé d'écrire en noir ou au crayon de papier, mais en aucun cas en rouge ou en vert, il parait que cela peut contrarier les entités. Si vous êtes peu nombreux, désignez quand même quelqu'un qui écrira au fur et à mesure tout ce que la planchette désignera. Il est préférable qu'une seule personne se concentre sur la retranscription de la séance.

Vous pouvez également déterminer qui sera le « meneur » du groupe pour la séance, le maitre de la séance qui posera les questions pendant la séance. Le meneur pourra poser ses questions et celles des autres (à un nombre similaire aux siennes). Ces questions peuvent être « décidées » au dernier moment, lorsque l'entité se présente, ou alors, elles peuvent être décidées en amont, avant de commencer la séance. Bien sûr, les autres peuvent intervenir à tout moment, mais il est préférable qu'une seule personne pose les questions pour que les vibrations des autres participants ne perturbent pas l'entité qui s'est en quelques sortes « calée » sur celles du meneur. Si un participant vient pour parler à son père décédé, il peut poser directement ses questions au défunt qui se manifeste. Mais si ledit participant vient avec son frère, il est préférable qu'un seul des deux pose des questions. Si vraiment les deux veulent parler, il est obligatoire de poser les questions unes à unes, de laisser le temps à l'esprit de répondre à chaque question afin d'éviter toute confusion.

Si vous participez à une séance publique, du moins à plus de 5 personnes, les personnes n'étant pas autour de la table devront respecter quand même les mêmes règles que ceux autour de la table (respect des entités, garder son calme…). Elles devront en plus être totalement silencieuses et se tenir à plus d'un mètre du oui-ja, si possible au Nord de la pièce.

Installez-vous confortablement autour d'une table (à 3 ou 4 pieds), les pieds bien à plat sur le sol, la planche posée à plat sur la table. Certains vous diront de placer la planche sur les genoux de deux personnes (une femme et un homme de préférence). Personnellement, je trouve que poser la planche sur une table la rend plus stable et moins sujette aux déviations inconscientes. Placez la goutte sur un point de départ (toujours le même mais qui peut varier selon les planches), souvent entre le oui et le non, ou sur le bonjour (quand celui-ci est présent), ou au centre de la planche. La goutte reviendra à son point de départ soit à la fin de son message, soit à la fin d'un mot, soit parfois entre chaque lettre. Vous devez veiller à être à bonne distance du oui-ja afin que le mouvement de la planchette ne soit pas gêné par le déplacement de vos bras. Testez donc le mouvement de la planchette en la bougeant volontairement, juste pour voir si vos coudes ne cognent pas ceux de votre voisin et si vous pouvez tous atteindre toutes les lettres sans bouger de votre siège.

IV 2) Déroulement d'une séance

IV2 1) Comparaison des différentes méthodes de contact avec l'Au-delà

Les techniques pour contacter les morts sont similaires pour les différentes pratiques du spiritisme et sont même parfois interchangeables.

Dans le cas des tables tournantes, il est coutume que les participants fassent une chaine et que les auriculaires et les pouces de chaque participant touchent ceux de ses voisins pour une séance de spiritisme sans forcément utiliser un oui-ja. Il peut également être utile d'établir une convention si l'esprit préfère frapper quelque chose plutôt que bouger une planchette ou si vous utilisez la table tournante sans planche oui-ja. En règle générale, on demande alors à l'esprit de taper un coup pour oui, deux coups pour non. Lorsque l'esprit veut communiquer des mots complets, les premiers spirites utilisant uniquement les tables demandaient à l'esprit de taper un coup pour A, deux coups pour B, trois coups pour C… Cette méthode était beaucoup trop lente et fut souvent abandonnée pour la planche oui-ja.

Séance de spiritisme avec une table tournante

D'autres spirites préfèrent l'écriture automatique qui est plus rapide que le message oui-ja ou l'utilisation des tables tournantes, mais qui nécessite un médium et qui normalement ne se pratique pas en groupe.

Certains spirites mettent une personne en transe, souvent par l'hypnose, ou alors acceptent l'incorporation (autrement dit la possession) d'une entité dans une personne, souvent un médium, et se servent d'elle pour entrer en contact avec les morts. Je déconseille cette technique car elle implique une sorte de possession ce qui est souvent préjudiciable à la personne en transe et aux autres personnes qui assistent à la séance. Cependant si vous le faites quand même, soyez particulièrement prudents et ne précipitez pas les choses, notamment à la fin de la séance. Dites au revoir à l'entité, remerciez-la pour son message mais évitez, à moins bien sûr que l'entité fut malveillante et particulièrement agressive, de précipiter le départ de cette entité. Il est préférable de prendre quelques minutes pour que l'entité quitte le corps d'elle-même, la personne incorporée la sentira partir mais le vivra moins comme une agression, ce qui pourrait être préjudiciable pour une prochaine séance.

Pour une séance avec un oui-ja classique, tous les participants, entre 2 et 5 participants la majeure partie du temps, posent leurs doigts (ou un seul [l'index de la main dominante] selon la taille de la goutte et le nombre de participants) sur la goutte sans trop appuyer ce qui empêcherait la goutte de bouger, mais suffisamment fermement pour pouvoir faire bouger la goutte quand même. Certains bandent les yeux du meneur ou des participants qui ne peuvent ainsi plus influencer la planchette, seul celui qui retranscrit la séance connaît le contenu du message au fur et à mesure. Si le message est compréhensible, on peut en conclure

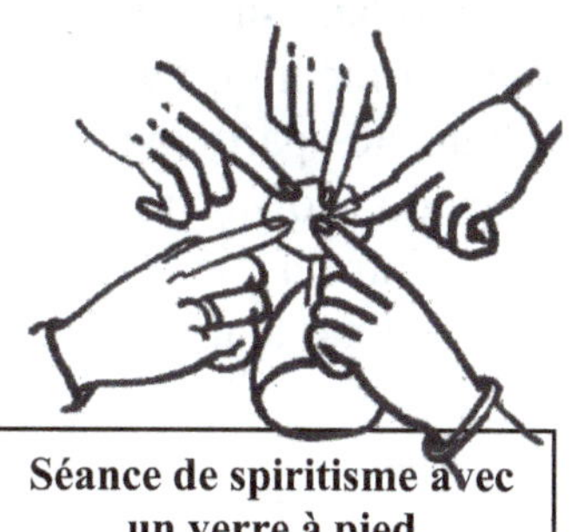

Séance de spiritisme avec un verre à pied

Séance avec une toute petite goutte en bois

que l'entité voit vraiment la planche de là où elle se trouve et qu'il y a peu de chance que ce soit un mouvement inconscient (voire volontaire) des participants. Si le message est incompréhensible, c'est soit que les participants ne peuvent influer inconsciemment la goutte ou que l'entité a besoin d'utiliser les sens d'au moins un participant pour transmettre un message intelligible.

Certains spirites conseillent d'avoir n'importe quel contact (dans la limite de la bienséance) avec son voisin de table, par exemple genou contre genou, pied contre pied, ce qui libère les deux mains pour que tous manipulent la goutte mais aussi permet de laisser l'énergie circuler entre les participants.

Dans certains cas, le médium pose sa main droite à plat sur la planche et tend sa main gauche à son voisin de gauche qui la prend dans sa main droite et ainsi de suite jusqu'au voisin de droite du médium qui pose sa main gauche sur l'épaule droite du médium, les participants peuvent aussi toucher l'auriculaire et le pouce du voisin plutôt que de se prendre par la main (à l'exception du meneur qui a une main sur la planche et de son voisin qui garde une main sur son épaule).

Séance de spiritisme avec un oui-ja dont seul le meneur touche la planchette

Une autre méthode consiste à utiliser un pendule à la place de la planchette, que ce soit au-dessus d'un oui-ja, d'un clavier d'ordinateur, ou bien sans autre support.

Séance de spiritisme avec un oui-ja et un pendule

Dans tous les cas, il est préférable de s'être bien exercé avant au maniement du pendule et d'établir une convention avec le pendule et avec l'entité. En règle générale, le mouvement en cercle vers la droite signifie « oui », le mouvement en cercle vers la gauche signifie « non ». Vous pouvez aussi déterminer que le mouvement de haut en bas signifie « peut-être » et que le mouvement en diagonal signifie « reposez la question ». Décider qu'un tour signifie « A », deux tours « B », trois tours « C », n'est pas très concluant car le pendule s'arrête déjà difficilement après un seul tour quand il veut juste répondre oui ou non, alors lui dire de faire 26 tours (qu'il faut parvenir à compter) pour écrire un Z… Il vaut mieux le faire se déplacer lentement devant chaque lettre et attendre qu'il fasse un

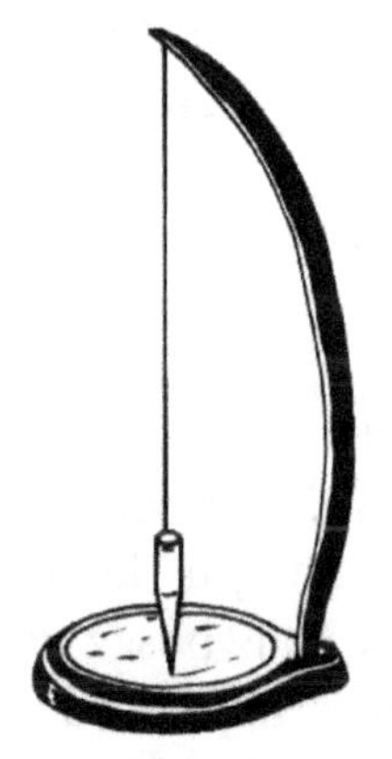

Pendule sable

mouvement dans le sens du « oui », pour se dire qu'il a sélectionné telle ou telle lettre.
Si vous craignez d'influencer le mouvement de votre pendule, vous pouvez prendre un support de pendule que vous achetez ou fabriquez vous-même, il sera difficile de lui faire désigner des lettres même en plaçant un mini oui-ja en-dessous mais il sera facile d'obtenir une réponse par oui ou par non. Certains pendules, les pendules de « sable », qui comprennent un support avec du sable sur la base, sont à mon sens idéaux pour des questions dont la réponse doit être oui ou non. Il suffit de placer votre main (ou les mains des participants selon la méthode choisie) sur les côtés de la base. Votre énergie provoquera les mouvements du pendule sans pour autant que votre inconscient l'influence. Pour ce type de pendule, vous pouvez même demander à l'entité de délivrer un message en se servant du sable pour que le pendule écrive des lettres au fur et à mesure, sachant que vous devrez effacer au fur et à mesure les lettres car sur une telle surface, il est difficile d'écrire plus d'une lettre à la fois.

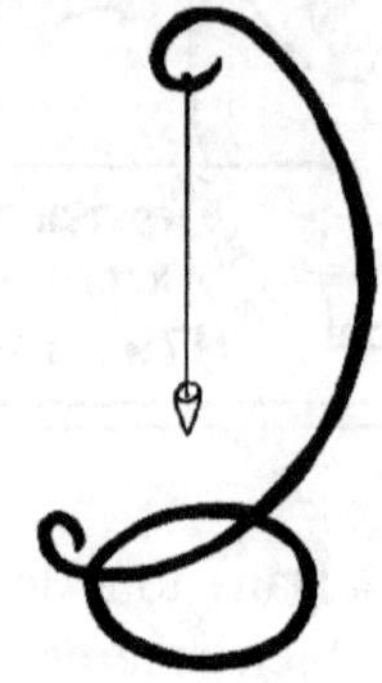

Pendule avec support

Si vous essayez de communiquer avec les morts via un ordinateur, la séance se déroule plus ou moins de la même manière. Vous vous relaxez, vous vous asseyez autour d'une table (ou de la table de l'ordinateur), vous allumez votre ordinateur, et soit vous posez vos mains sur le clavier en attendant que quelque chose appuie sur vos doigts et les fasse bouger et dans ce cas, vous lancez un logiciel de saisie de texte, soit vous placez vos doigts sur la souris sans trop appuyer et vous attendez qu'il se passe quelque chose, et dans ce cas, vous affichez une image de oui-ja sur laquelle le pointeur de votre souris pourra se déplacer. Posez vos questions et attendez des réponses.

IV2 2) La séance

La séance commence par le traditionnel *« Esprit, es-tu là ? »*, ou bien par *« Qui est là ? »*, *« Est-ce que quelqu'un m'entend ? »* ou bien, s'il s'agit de communiquer avec un esprit en particulier *« Untel, es-tu là ? »* ... Ensuite, il suffit d'attendre que l'esprit se manifeste et fasse bouger la planchette. Il se peut que la planchette mette plusieurs minutes avant de se déplacer et qu'elle commence par des mouvements aléatoires incompréhensibles, surtout avec des spirites novices. Si rien ne se passe au bout d'une demi-heure, mettez un terme à la séance (n'oubliez pas de dire « au revoir » quand même, on ne sait jamais), il est fort probable qu'aucune entité ne se manifestera ce jour là, inutile de perdre davantage de temps si ce n'est pour essayer de savoir ce qui a empêché le bon déroulement de la séance.

Si au contraire la goutte se met à bouger, il est possible de ressentir comme une vibration, un petit frémissement lors de son déplacement ou bien de remarquer une sorte d'ondulation au niveau de la table, c'est là la preuve qu'un esprit est bien présent. Ne rien ressentir ne signifie pas pour autant qu'aucune entité n'est présente, cela prouve juste un certain manque de sensibilité, parfois du au stress de la séance.

Parfois, quand une entité se manifeste, elle déclenche certains phénomènes : problèmes d'éclairage divers (ampoules qui clignotent ou qui éclatent, bougies qui s'éteignent…), des vitres ou des objets fragiles (vases, verres, bibelots…) qui éclatent. Ces petits phénomènes ne sont pas vraiment dangereux (attention aux risques de blessures ou d'incendie quand même) et sont parfois simplement dû à la surcharge énergétique de la pièce mais sont parfois la preuve de la présence d'entité néfaste. Donc, il s'agit d'être encore plus prudent en cas de manifestations surnaturelles.

Quand l'esprit se manifeste, souhaitez lui la bienvenue, remercie-le de prendre le temps de vous répondre et si vous filmez la séance, demandez-lui la permission de continuer à filmer. Il se peut que l'entité ne veuille pas se manifester si la séance est enregistrée. Dans ce cas, stoppez l'enregistrement ou demandez si l'entité refuse bien de se manifester à cause de cela. Si la réponse est positive, éteignez définitivement la caméra et la séance pourra commencer. Pour s'assurer de son identité, vous pouvez lui demander son nom, du moins, le nom qu'elle portait ici-bas.

La goutte est sensée commencer à bouger lentement puis de plus en plus vite. Selon le pointeur, vous déchiffrerez la lettre soit en regardant la pointe, soit en regardant à travers le trou ou le verre, selon votre convention. La personne désignée pour noter les lettres pourra retranscrire le message de l'entité et le répéter à haute voix afin de faciliter la communication avant de passer à la question suivante. Certains médiums ne bougent pas jusqu'à ce que la goutte bouge alors que d'autres lui font décrire des cercles (un pour chaque participant) pour lancer le processus ou pour permettre une transe.

Le meneur pose les questions les unes à la suite des autres, sans précipitation et en respectant les règles précédemment citées. Une séance de spiritisme n'est pas une course de vitesse, bien au contraire, il faut laisser le temps au scribe de retranscrire tout le message pour ne pas en perdre une partie, et il ne faut pas anticiper les réponses en essayant de deviner les mots qui s'écrivent devant vos yeux sous peine de commettre des erreurs.

Normalement, vous pouvez mettre un terme à une séance à tout moment, mais il est préférable de demander à l'entité l'autorisation d'arrêter, d'en expliquer éventuellement les raisons (fatigue, heure tardive…).

Quand vous avez de fini de parler avec une entité, que ce soit la fin de la séance ou que vous désiriez changer d'interlocuteur, tous les participants doivent remercier l'entité d'avoir eu la gentillesse de répondre, même s'il s'agit d'une âme du bas astral que vous voulez chasser. Dans ce cas-là, remerciez-la d'être venue et ordonnez-lui ensuite de partir. Dans le cas d'une âme normale, remerciez-la pour sa présence et ses réponses, invitez-la à retourner d'où elle est venue. Dans tous les cas, placez la goutte sur *« au revoir »* et dites bien *« Au revoir »* à voix haute. Vous pouvez ajouter une phrase du genre : *« Que la paix de Dieu soit entre nous. »* ou alors, vous pouvez prier pour que l'entité poursuive son évolution le mieux possible.

Si vous souhaitez communiquer avec cette entité par la suite, demandez-lui poliment de bien vouloir être à nouveau présente à la prochaine séance. Fixez lui une date et une heure (oui, les entités aussi peuvent avoir un agenda chargé !) ou laissez-la vous fixer une date et une heure. Ce moyen de mettre un terme à une séance en proposant un nouveau rendez-vous peut vous permettre de faire le point, mais également de mieux vous préparer, notamment si vous avez eu affaire à une entité négative agressive en faisant appel à un professionnel ou à quelqu'un de plus expérimenté que vous. Une entité négative puissante sera plus encline à patienter et se mettra moins en colère si elle a l'assurance d'être recontactée bientôt que si vous la congédiez purement et simplement (surtout si des tentatives de la congédier ont déjà été faites sans succès). Je déconseille de rater le prochain rendez-vous sauf urgences absolue, afin de ne pas froisser inutilement l'entité.

Si une nouvelle entité arrive après avoir mis fin à une communication, souhaitez-lui aussi la bienvenue et suivez la même procédure qu'avec la précédente.

Il est possible qu'en arrêtant la séance, vous ressentiez un frisson, une vibration comme au début de la séance, ce qui est normal, cela prouve en général que l'entité s'en va. Si vous ne ressentez rien, ce n'est pas un problème non plus, cela indique souvent un simple manque de sensibilité de votre part.

Après avoir arrêté la séance, patientez une minute avant de bouger, reposez-vous et rallumez la lumière, afin d'évacuer tranquillement le stress de la séance.

Une séance traditionnelle dure environ 1 heure – 1h30. Il est fortement déconseillé de faire des séances plus longues surtout quand on est débutant, car notre concentration s'amenuise avec la durée, de même que notre force. La plupart des spirites commencent par de courtes séances d'une heure et y consacrent de plus en plus de temps au fur et à mesure que leur expérience augmente. Je vous conseille cependant de ne pas faire des séances de plus de deux heures afin de conserver votre concentration et vos forces.

Certains vous diront que vous pouvez interrompre la séance une dizaine de minutes, pour faire une pause, car une séance de spiritisme peut être longue et fatigante : vos bras et vos mains pourraient être courbaturés à force d'appuyer sur la planche et il faut arriver à maintenir un certain niveau de concentration sans faire preuve d'impatience. N'oubliez pas que la fatigue pourrait vous faire influencer la planchette. Moi, je conseille plutôt de faire des séances moins longues et de ne pas les interrompre, je trouve plus respectueux pour les entités qui n'ont pas forcément que cela à faire de vous attendre pendant votre pause pipi ! Après, s'il s'agit de communiquer avec plusieurs entités successivement, je vous conseille effectivement de faire une pause entre deux communications, ou mieux de traiter chaque communication comme une séance à part entière.

Si vous faites une pause, en plus de détendre vos muscles, d'assouvir vos besoins naturels et de vous restaurer ou de boire, profitez-en pour relire le contenu de la séance afin de vous assurer qu'il n'y a pas de contradiction dans les paroles de l'esprit contacté. Assurez-vous aussi que l'esprit n'a pas déjà répondu à des questions que vous souhaitez poser par la suite.

IV 3) Après la séance

Après la séance, il est conseillé de ranger directement son oui-ja et sa goutte dans leur boite et de ne pas la laisser trainer n'importe où. Si vous utilisiez un ordinateur, je vous conseille d'éteindre votre ordinateur, de le couvrir ainsi que le clavier et la souris par un tissu (un drap par exemple) blanc et de le laisser dessous plusieurs heures. L'inconvénient de l'usage de l'ordinateur, c'est qu'il est rare de consacrer un ordinateur juste à la tâche de communiquer avec les morts, ce qui signifie qu'il est possible qu'il reste sous l'influence de mauvais esprits. S'il s'agit d'un pendule, purifiez-le et rangez-le. S'il s'agit d'un pendule sable, purifiez-le à la sauge amérindienne et couvrez-le d'un drap blanc pendant plusieurs heures ou rangez-le dans une boite.

Je vous déconseille très fortement de ranger la boite contenant le oui-ja/pendule sable/pendule sous votre lit à cause des vibrations que votre oui-ja/pendule peut dégager. Le fait de rester à dormir juste au-dessus d'un oui-ja peut faire que vous absorbiez des énergies négatives émanant du oui-ja. Il en est de même pour les placards à provisions. Votre nourriture pourrait absorber les énergies négatives et vous les transmettre quand vous la consommez. Je déconseille aussi les placards à linges car le linge est directement au contact de votre peau pendant plusieurs heures. Ces endroits ne seraient pas bons pour votre santé. Je conseille plutôt de ranger cela soit dans un endroit réservé à vos activités occultes, ou dans un débarras (buanderie, cave, garage…). Si ce n'est pas possible, rajoutez une coupole de sel à côté ou juste au-dessus/dessous, le sel étant à changer de temps en temps car il absorbe l'énergie négative et purifie le corps et les objets.

Je vous conseille aussi, dès que la séance est terminée, de faire brûler de l'encens de purification (oliban, sang de dragon...) ou de l'encens qui attire le positif (géranium, pin...) ou encore de faire des fumigations de sauge blanche amérindienne ce qui éliminera les miasmes et purifiera les lieux.

Si vous avez l'impression d'être confronté à des événements paranormaux, restez rationnel, car c'est probablement dû à un effet de suggestion et à la peur de la séance qui a eu lieu. S'il ne s'agit que de quelques planches qui grincent ou autres petits phénomènes, demandez-vous surtout si ces phénomènes n'étaient pas déjà là avant la séance et que votre paranoïa ne les remarque que maintenant. Si les phénomènes sont très importants (des meubles qui se déplacent, des blessures...), là, reportez-vous au chapitre V 5 « Que faire en cas de problèmes ? » pour essayer de trouver une solution.

Je vous suggère aussi de faire un compte rendu de chacune de vos séances, pas forcément tout le détail, mais au moins un résumé de chaque séance et de laisser le compte-rendu avec votre planche. En effet, s'il vous arrive quelque chose, en lien ou non avec la planche, et si vos héritiers décident de vendre la planche, il est probable que personne ne pourra répondre aux questions de potentiels acheteurs. Or, des réponses pourraient leur être d'une certaine utilité en cas de problème, sans compter que cela pourrait permettre à vos héritiers de comprendre ce qui vous est arrivé.

Dans les jours qui suivent une séance, voire dès le lendemain et quelques jours après, je vous conseille de prendre des nouvelles de tous les participants, afin de vous assurer qu'ils se remettent de leurs émotions, surtout s'ils ont particulièrement été affectés par les propos d'un esprit. Il ne s'agit pas forcément de passer la journée avec eux, mais juste de passer un petit coup de fil, d'envoyer un texto, un mail, un post (privé) sur les réseaux sociaux, pour vous assurer qu'ils vont bien. Et si eux prennent de vos nouvelles, il faut être honnête aussi que vous alliez bien ou non. Il vaut mieux avoir un ami qui vient vous réconforter que de déprimer tout seul dans un coin car votre déprime pourrait attirer des âmes du bas astral, à plus forte raison si la séance s'est effectuée chez vous.

V Explications sur le Oui-ja

Les origines du terme « oui-ja » sont incertaines malgré le fait que le terme date d'un siècle et demi. La théorie la plus fréquente est que le terme signifie *« oui »* et *« oui »*, en français tout d'abord et en allemand ensuite, qui serait systématiquement la réponse à la première question posée au cours d'une séance (*« Esprit es-tu là ? »*). Une autre théorie viendrait du fait qu'un des premiers médiums à avoir utilisé une planche oui-ja aurait demandé qui était l'esprit qui communiquait avec lui, et que l'esprit aurait désigné tour à tour les lettres *« O U I J A »*. Personnellement, je trouve qu'on dirait une déformation (ou le mot écrit avec des fautes, il faut bien rappeler qu'au moment de l'invention du oui-ja, l'illettrisme était fréquent) de *« ouïe-je »*, autrement dit *« qu'entends-je ? »* ou *« qui entends-je ? »* qui pourrait très bien être une deuxième question (*« qui est-là ? »*).

L'art d'utiliser un oui-ja pour lire l'avenir est appelé « grammatomancie mécanique » (divination par les lettres) ou quand il est utilisé avec un verre « grammatomancie collective ».

V 1) Les participants

Il n'est pas nécessaire d'être un médium pour participer à une séance, ni même pour la mener même s'il est fortement conseillé de faire appel à un médium au moins ou à des personnes ayant des facilités ou ayant déjà vécu des situations dans le domaine du paranormal. Les participants et surtout le meneur, doivent être désintéressés. Bien sûr, ils peuvent être intéressés par les réponses aux questions, mais ils ne doivent pas chercher à tirer profit de la séance à proprement parler, car plus les participants seront désintéressés, notamment si un médium est parmi eux, plus leurs capacités médiumniques seront accrues. Inversement, plus les participants seront intéressés par l'argent qu'ils peuvent gagner au cours d'une séance, en la faisant payer notamment, plus les dons du médium et des autres participants s'étioleront.

Il est également important que les participants se concentrent sur la séance et non sur leurs problèmes personnels et pensent au minimum que la séance peut fonctionner. Il faut surtout des participants détendus qui ne soient pas opposés au principe de la communication avec les morts et qui auront conscience d'agir comme des intermédiaires, comme des canaux de communication entre le visible et l'invisible. Des personnes qui même sceptiques sont prêtes à y croire si on leur prouve que c'est possible, pourront faire bouger la planchette alors que des personnes totalement réfractaires qui pensent que le oui-ja est une escroquerie feront échouer les séances car leur inconscient bloquera le mouvement de ladite planchette.

Les participants ne doivent pas être naïfs non plus, car les réponses peuvent venir aussi bien d'une entité malveillante désireuse de vous embobiner que de votre inconscient qui cherche à vous rassurer. Evitez aussi de laisser participer une personne influençable, indécise, timide, qui manque cruellement de confiance en elle car elle pourrait se faire manipuler par les esprits. Une personne crédule et faible qui participerait à une séance pourrait aussi s'attirer des ennuis à cause des esprits qui aimeraient la manipuler. Si des personnes de ce type sont intéressées par une séance, il convient de leur permettre d'assister, voire de participer à une séance en toute sécurité en faisant appel à des spirites expérimentés et confiants qui contrebalanceront le manque d'assurance de ces personnes, et qui, à défaut de leur permettre de devenir des spirites d'importance, leur permettront probablement de contacter les morts durant cette séance. Ne laissez pas non plus une personne déficiente mentale participer à une séance car une entité néfaste s'attaquera presque systématiquement à cette personne déficiente qu'elle pourra plus facilement posséder et qu'il sera beaucoup plus difficile de libérer.

Une personne portant ou utilisant un appareil électrique (pacemaker, appareil auditif, fauteuil roulant) est affaiblie par cet appareil qui peut être endommagé au cours d'une séance comme je l'ai déjà énoncé dans les règles à observer au cours d'une séance, mais aussi simplement par leur handicap qui les diminue sur le plan physique. Je déconseille fortement à ces personnes de participer aux séances.

Il convient d'être prudent concernant les réponses qui pourraient déstabiliser les participants et ne pas oublier que le meneur ne connaît que rarement les blessures psychologiques profondes des autres participants qui pourraient sans le vouloir perturber la séance ou en prendre le contrôle même inconsciemment.

Une personne trop émotive peut faire un malaise et s'évanouir en voyant la goutte bouger, et cette personne peut continuer à ressentir ce malaise même dans une autre pièce si la séance continue. Il convient de reporter la séance à une date ultérieure et sans la personne qui s'est évanouie. D'une manière générale, il convient d'interrompre une séance si elle perturbe même juste un peu un participant afin d'éviter tout traumatisme.

S'il y a déjà eu une apparition de fantôme et que le but de la séance est de communiquer avec lui, il est bon de faire participer la personne qui a déjà vu le fantôme car elle peut servir de catalyseur pour l'attirer. Il convient cependant de bien protéger cette personne par des médailles religieuses ou des prières car elle sera sûrement plus émotive que les autres participants, et donc plus vulnérable face aux mauvais esprits qui pourraient se présenter.

Certaines personnes cupides, sceptiques, arrivistes, mauvaises, arrivent parfois à communiquer avec de bons esprits si ces derniers pensent que cela peut les aider à entrevoir des valeurs spirituelles qui leurs sont inconnues dans le but de les faire évoluer positivement. Dans quelques rares cas, ces mêmes personnes peuvent parvenir à contacter volontairement des entités malveillantes dans le but de pactiser avec elles. De même, des personnes aux qualités morales plus que douteuses, même si elles participent à une séance dans un but louable, vont attirer des entités négatives car les entités se nourrissent de notre énergie pendant une séance, or, une entité négative est attirée par des énergies négatives. Ces entités attirées par ces personnes douteuses auront d'autant plus d'énergie que les personnes douteuses seront parfois d'accord pour qu'elles absorbent leur énergie (dans le cas de vengeance par exemple). Par conséquent, je déconseille de réaliser une séance avec des personnes dont le sens moral est douteux. Je ne dis pas qu'il faut faire participer à vos séances que des saints, mais il faut éviter les personnes violentes, les voleurs, les escrocs (ne serait-ce que pour éviter toute supercherie).

On peut participer à une séance à n'importe quel âge mais il est préférable d'être majeur et en bonne santé. Certains vous diront qu'à partir de 12 ou 13 ans, un adolescent n'est plus aussi naïf et influençable qu'avant cet âge et peut très bien participer à une séance de oui-ja. Pour moi, un enfant (tout mineur en réalité) ne devrait jamais participer à une séance de oui-ja ni même être présent dans la pièce ou la maison où se déroule une séance de Oui-ja. En effet, les enfants de 0 à environ 7 ou 8 ans sont particulièrement sensibles aux énergies de l'invisible, ils sont naturellement médiums mais ils ont moins de défense qu'un adulte. Les enfants plus âgés restent plus sensibles que les adultes aux phénomènes paranormaux et en sont souvent victimes à l'adolescence. Ainsi, les faire participer à des séances peut attirer des entités du bas astral qui voudront et pourront les posséder plus facilement qu'un adulte.

Quant aux animaux, les chats en particulier, ils ne devraient pas être présents à une séance à mon avis, je les trouve plus utiles pour nettoyer la pièce ensuite. Après, je n'aime pas mettre en danger mes chats, je trouve qu'ils courent suffisamment de danger en temps normal en se promenant dans la rue sans en rajouter une couche en appelant les esprits en leur présence, c'est probablement pour cela que je préfère qu'ils soient absents. Cependant, les chats repèrent rapidement les entités et dans l'antiquité Egyptienne, on considérait qu'ils étaient une fenêtre vers le monde souterrain. Le chat est également sensé augmenter votre force vibratoire. Par conséquent, il peut être très utile pour avoir confirmation de la présence d'un esprit et pour arriver à le contacter. S'il y a un chat qui vient vous voir quand vous faites une séance, bien souvent, il viendra se frotter à vous pour vous mettre en garde et vous protéger de l'entité dont il peut détourner les énergies négatives. Après une séance, il absorbera aussi l'énergie négative de la pièce pour la décharger dans le sol ou pour la transformer en énergie positive pour lui.
Un chien ressentira la présence de l'entité mais à part vous la signaler, il ne pourra pas faire grand-chose. Je n'ai rien contre les chiens, mais ils ont moins de pouvoirs occultes que les chats.
Le cheval ressent aussi particulièrement bien la présence des entités mais il faut bien reconnaître que ce n'est pas très facile à faire entrer dans un appartement…
Quant aux nouveaux animaux de compagnie (rat, lapin, serpent…), comme tous les animaux, ils ressentent mieux que nous les forces de l'invisible mais je doute qu'ils aient les sens aussi affutés qu'un chat.
Si vous avez un aquarium, il n'est pas nécessaire de le mettre dans une autre pièce ou de déplacer les poissons qui s'y trouvent. L'eau qui se trouve à l'intérieur, à plus forte raison si c'est de l'eau de mer, pourrait très bien attirer à lui voire purifier les

entités négatives qui se manifesteraient pendant la séance. N'en installez pas un exprès, mais si vous en avez un dans la pièce, contentez-vous de l'éteindre le temps de la séance pour que ni la lumière ni le bruit ne perturbe la séance.

Je précise également que tous les animaux d'une même race ne sont pas forcément égaux devant la localisation des entités car toutes les entités ne vibrent pas sur la même fréquence et tous les animaux non plus. De plus, ils n'ont pas tous la même appréhension du phénomène et ne sont pas tous visés de la même manière. Ed et Lorraine Warren nous racontent dans un de leur livre qu'un chat siamois avait été particulièrement visé par un fantôme qui n'aimait pas les siamois, qu'il était terrorisé par ce fantôme alors que l'autre chat de la maison n'était pas inquiété plus que cela par le fantôme.

Tous cela pour dire que si un animal a un comportement étrange pendant votre séance, c'est qu'il y a probablement une entité, mais que s'il reste indifférent, cela ne veut pas dire pour autant qu'aucune entité n'est présente.

V 2) Le message transmis

Rien ne permet de dire que l'esprit qui communique vous dit la vérité en quoi que ce soit, même sur son prénom, il peut mentir. Des fois, on pourra vérifier l'exactitude des faits révélés et des fois, ce sera impossible. Des entités négatives peuvent très bien dire la vérité et des entités positives peuvent également se tromper dans leur prédiction.

Les réponses sont souvent un mélange de vérités, de pensées des participants, de faits passés, présents ou à venir. La plupart du temps, vous obtiendrez les réponses auxquelles vous pensez, ce qui, loin de prouver la présence d'un esprit, vous prouvera que votre inconscient ou l'inconscient d'une autre personne du groupe, veut vous apporter un certain réconfort.

Le détachement mental d'une personne par rapport à l'entité contactée permet d'aider à authentifier une communication qui sera considérée comme venant « d'ailleurs » si l'enseignement tiré de cette communication est totalement inconnu à tous les participants, qu'il n'est pas une confirmation de leurs connaissances. Allan Kardec a obtenu tout un tas de communications aboutissant à la création d'une doctrine (doctrine spirite), Victor Hugo a réussi à canaliser des personnes mais aussi des animaux célèbres. Il est très difficile de dire si les messages qu'ils recevaient venaient de leur inconscient ou d'entités mais la cohérence des messages reçus ainsi que la crédibilité qu'on leur a accordée semble prouver leur provenance d'ailleurs.

Les messages menaçants viennent du bas astral et autres entités négatives. Il ne faut pas les prendre au sérieux pour que les entités négatives ne puissent pas vous atteindre. Si vous ne le faites pas, elles pourraient vous encourager à nuire à autrui ou vous menacer. Le plus simple est souvent d'ignorer ce type de message et de congédier l'entité qui vous le transmet.

Les messages chaleureux vous seront transmis par des entités positives, vos défunts le plus souvent mais pas uniquement. Ces entités ont souvent un vocabulaire plus recherché que celui des entités négatives. Leurs messages vous aideront dans votre évolution et ne vous inciteront jamais à nuire à autrui.

Il est très difficile de dire avec certitude d'où provient vraiment le message reçu, il s'agit plus d'une affaire de convictions de la personne qui le reçoit que d'un fait scientifique vérifiable.

V 3) Le déplacement de la goutte

Il existe plusieurs théories sur la cause du déplacement de la goutte, outre la tricherie volontaire bien entendu.

La première théorie sur le déplacement de la planchette veut que l'esprit la fait bouger en influant le corps des participants. Il est possible aussi que l'esprit imprègne ses idées directement dans la tête du médium et des participants qui vont inconsciemment faire bouger la goutte pour retranscrire ses idées en mots.

La deuxième théorie est basée sur le fait que tous les mouvements proviennent uniquement des participants, que ce soit des mouvements musculaires inconscients (mouvements idéomoteurs) ou conscients (tricherie). Si on met de côté le cas où un participant bouge volontairement la planchette pour obtenir la réponse qui l'arrange le plus, car les tricheurs volontaires ne nous intéressent pas du tout et le phénomène se passe d'explications, il reste le cas des « tricheurs » involontaires. Nous pouvons tous inconsciemment faire dire n'importe quoi à n'importe quel support de divination, et là, c'est encore plus « facile » car l'autosuggestion peut facilement et malencontreusement biaiser le résultat de l'expérimentation. Il est possible de faire dire au oui-ja nos craintes ou nos espoirs. Il faut donc commencer par des questions qui nous laissent indifférents et apprendre à faire le vide avant d'interroger le oui-ja. Il est ainsi plus facile de se préoccuper d'obtenir les réponses pour les autres que pour soi-même. Une séance de spiritisme créé une ambiance propice à la projection de ses désirs inconscients sur un support qui se déplace en suivant ses désirs, ou du moins les désirs du participant le plus « puissant ». En gros, si toute l'assemblée veut parler à l'oncle Paul et s'entendre dire que l'oncle Paul l'aime et regrette de l'avoir laissée, la planchette va bouger de manière à délivrer ce message sans que pour autant l'oncle Paul soit présent. Maintenant, si toute l'assemblée veut voir l'oncle Paul mais que l'un des participants, celui qui a le plus fort caractère, ou du moins le plus fort inconscient, désire entendre que l'oncle Paul déteste tout le monde, c'est le message que la planchette transmettra.

Un autre problème vient de l'anticipation de la réponse par la suggestion de mots complets à partir des premières lettres. Par exemple, si l'entité souhaite vous dire que ses dossiers sont cachés dans le « PATIO » de sa maison de campagne, et que vous pensez à « PARIS », vous risquez d'influencer inconsciemment la planchette qui vous conduira à aller chercher dans ses bureaux de Paris, ce qui peut vous sembler plus logique mais qui au final, sera une perte de temps pour vous. C'est pour cela, qu'il faut attendre la fin du message pour essayer de lui donner un sens et non pas l'interpréter dès le départ. Si toute l'assemblée décide de contacter une personne que personne ne connaît, il devient plus difficile de tricher inconsciemment.

Cependant, même si les mouvements proviennent de l'inconscient des participants, et donc que les réponses sont des convictions personnelles, il arrive que certaines réponses soient le résultat d'un phénomène de voyance commune si personne autour de la table ne connaît ces réponses. Est-ce que cela veut dire que l'un des participants est voyant ? Est-ce que l'union de plusieurs individus permet de provoquer un phénomène de voyance ou bien est-ce que tout simplement, cela leur permet de se connecter à la mémoire Akashique (sorte de base de données universelle) ?

Certains spirites vont vous dire que c'est l'esprit, qui, en enveloppant la table ou le pointeur d'une « atmosphère fluidique », annihile momentanément la force de gravité, ce qui permet à une table de se soulever ou à un pointeur de bouger plus facilement. Lorsque le fluide se retire, la table retombe en faisant du bruit et le pointeur cesse de bouger.

D'autres spirites vous diront que pendant une séance, les esprits absorbent votre énergie et s'en servent pour faire bouger la planchette ou divers objets dans la pièce. Il est fort probable que ce soit l'absorption de cette énergie qui permet à l'esprit de passer de l'état d'entité passive à l'état d'entité active. L'entité peut très bien avoir été présente sur le lieu de la séance mais n'avoir jamais pu se manifester, la séance lui en donne alors l'occasion. L'entité utilise alors l'énergie qu'elle vient d'absorber pour se manifester et ses manifestations seront d'autant plus importantes qu'il y aura plus de participants dont elle pourra absorber l'énergie.

La théorie basée sur les mouvements idéomoteurs et celle sur la véritable communication avec un esprit ne sont ni plus ni moins convaincantes l'une que l'autre, et ne sont même pas forcément opposées l'une et l'autre. En effet, certaines réponses peuvent très bien dépendre de votre inconscient car même si vous parvenez à établir un véritable contact, l'entité ne voudra pas contrarier vos croyances profondément ancrées ou pourrait chercher simplement à vous plaire.

V 4) Les dangers du Oui-ja

Bien que des milliers de planches oui-ja soient faites ou vendues tous les ans sans que leur utilisation ne cause des effets indésirables, la pratique du oui-ja comporte quand même des risques dont il convient d'être informé avant de participer à une séance que ce soit auprès de professionnels ou d'amis.

V4 1) L'escroquerie

Le premier danger concernant les séances de spiritisme est d'avoir affaire à des escrocs qui vous charmeront, vous endormiront avec leurs belles paroles, vous feront croire que vous avez rencontré votre défunt bienaimé, et vous escroqueront toujours plus d'argent en multipliant les séances. Un médium honnête ne vous proposera de faire qu'une séance ou deux par an, afin que vous puissiez faire votre deuil et avancer dans la vie. Un médium honnête ne vous posera que très peu de questions concernant le défunt alors qu'un faux médium, l'air de rien, vous poussera à répondre vous-même aux questions posées. Aussi, donnez le moins d'informations possibles au médium, contentez-vous du strict nécessaire (nom, prénom, date de naissance et de mort), et attendez que l'esprit, si esprit il y a, vous donne une preuve verbale de sa présence. Il s'agit juste d'une réponse à une question que seul lui et vous pouvez connaître sans cependant suggérer la réponse. Ne vous contentez pas d'un *« je t'ai toujours aimé »*… ou autre formule basique et générale.

Avec la technologie actuelle, il peut être facile de truquer une séance ou un jeu de oui-ja et les escrocs ont toujours beaucoup d'imagination dans ce domaine. Même sans technologie, en se servant juste de la lecture à froid (étude du langage non verbal qui permet de déduire telle ou telle réponse), un mentaliste pourrait vous faire prendre vos vessies pour des lanternes. Soyez donc très prudents.

Il vous est conseillé de pratiquer avec des personnes de confiance qui n'attendent pas de rémunération de votre part et qui n'essaieront pas de se moquer de vous ou de profiter de votre crédulité.

V4 2) Les âmes du bas astral

Le web fourmille d'histoires relatant des séances de oui-ja qui ont mal tourné et qui ont attiré les âmes du bas astral, que ce soit des âmes d'anciens tueurs en série ou des démons (notamment un certain « Zozo » qui serait particulièrement dangereux, ou bien le « Charlie » du « Charlie Charlie Challenge ») qui ont poursuivi les participants parce qu'ils se sont montrés imprudents, irrespectueux, arrogants ou simplement stupides pendant une séance. Il est fortement déconseillé d'utiliser un oui-ja pour s'amuser car cela attire d'autant plus les âmes négatives.

Attirer et faire rester une âme du bas astral dépend surtout du mental des participants qui peuvent attirer ces âmes par leurs peurs, la crainte de déplaire à Dieu, la panique, ou simplement leurs croyances dans la possibilité de contacter un être démoniaque. Si l'on voit qu'une personne commence à paniquer, à croire que l'entité peut bouger des meubles, il est préférable de stopper la séance et de ranger le matériel afin de protéger tout le groupe. En faisant cela, normalement, les phénomènes s'arrêtent. Mais si une personne pense que l'entité a pu la maudire, causer des troubles physiques ou psychiques, cette autosuggestion peut avoir des effets dramatiques sur la personne qui va s'attirer des malheurs ou qui va accroitre les pouvoirs de l'entité en question.

Il est aussi possible qu'une de ces âmes prenne réellement possession du pratiquant, auquel cas, seul l'intervention d'une tierce personne, souvent un prêtre exorciste, mais également des chamans et autres sorciers, pourra la libérer de l'emprise de l'entité. Cependant, ce cas reste rare. Il est plus fréquent que la personne pense avoir été possédée car la matérialisation de ses craintes le lui a laissé croire, alors qu'en fait, elle n'a été victime que de son inconscient ou d'une forme de suggestion ou d'altération provisoire de son mental apparue à cause du traumatisme de la séance. Cependant, ce phénomène de possession prend de l'ampleur, le prêtre exorciste officiel du diocèse de Cordoue, en Espagne, José Maria Muñoz Urbano, affirme que 70% des exorcistes qu'il doit pratiquer sont dus à des séances avec un oui-ja.

V4 3) Les dangers pour son égo

Le fait de réussir parfaitement une séance de oui-ja, quel que soit le oui-ja, ne fait pas du meneur un médium hors-pair capable de tous les exploits. Il est vrai que l'égo du meneur et des participants peut monter en flèche car ce n'est pas qui veut qui peut obtenir une communication fluide avec des personnes décédées. Cependant, ce n'est pas parce qu'une séance a réussi que les suivantes seront aussi réussies et ne vous attireront pas des ennuis. Il est nécessaire de continuer à se former auprès de personnes expérimentées qui peuvent avoir eu affaire à forte partie.

Il est bon également de se rappeler que c'est un groupe qui a réussi une communication et non une personne seule, mais il est bon également de se souvenir qu'il peut arriver que l'un des participants, et pas nécessairement le meneur, truque volontairement la séance et permette ainsi aux autres de croire qu'ils ont réussi à communiquer avec des défunts.

A l'inverse, ne pas réussir à contacter une entité pendant sa séance peut faire perdre confiance au meneur ou aux participants.

De plus, il vaut mieux répondre par vous-même à la plupart de vos interrogations car réussir quelque chose par vous-même remonte votre propre estime alors que devoir quelque chose à un esprit peut vous faire perdre confiance en vous, parfois même sans vous en rendre compte. En effet, vous pourriez ne plus vouloir rien faire, ne plus prendre aucune décision importante, sans un avis « supérieur ».

V4 4) Les dangers pour sa santé

Comme je l'ai déjà dit, il faut être en bonne santé physique et mentale avant de faire une séance car les dangers qui vous guettent sont nombreux et dès lors que vous êtes affaibli d'une quelconque manière, vous devenez vulnérable aux attaques du bas astral mais aussi aux possessions de toutes sortes. Chaque individu réagit différemment au cours d'une même séance, les conséquences pourront être physiques et / ou psychologiques et plus ou moins importantes selon ce qui se sera passé ou selon la fragilité mentale de l'individu. De même, un individu ne réagira pas forcément de la même manière à deux séances distinctes : il pourra très bien sortir en pleine forme de la première séance et sortir vidé de la deuxième. Il n'y a pas de règle en la matière.

Le danger le plus fréquent pour sa santé est une fatigue particulièrement importante du fait que les défunts se servent de votre énergie pour se manifester. Les sceptiques vous diront que cette fatigue provient simplement de la dépense d'énergie due à la concentration exigée pour ce genre d'exercice et à la tension des bras et des mains pendant l'exercice en question. Ils vous diront aussi que la plupart des séances se font la nuit, et donc, vous empêchent de vous coucher tôt ! Ces séances se font souvent après une journée de travail fatigante et les révélations ou les événements de la nuit provoquent en vous une certaine excitation qui vous empêche de trouver rapidement un sommeil réparateur. Et ils n'ont pas tort en vérité, mais la fatigue post-séance n'est pas toujours dûe qu'à ces conditions. En effet, après une séance, si un esprit reste chez vous, cette entité va pomper votre énergie pour continuer d'exister. Vous serez donc particulièrement fatigué, vidé de vos forces, dans un état proche de l'asthénie (voire de l'asthénie tout court). Si vous recevez du monde, ou si d'autres personnes vivent sous votre toit, il est possible que cette entité s'en prenne à eux aussi et absorbent leur énergie. Il est fort probable que vous sentiez la différence entre quand vous êtes seul et quand vous êtes parmi vos convives. En effet, lorsque vous êtes seul, l'entité pompera toute votre énergie et vous serez exténué, mais lorsque vos invités seront là, l'entité prendra l'énergie de tout le monde, donc, elle vous en prendra moins en particulier et par conséquent, vous vous sentirez mieux, moins vidé. Les sceptiques vous diront juste que vous êtes dépressif, et c'est bien possible, et que la venue de vos amis vous fait juste sortir momentanément de votre dépression, ce qui n'est pas faux non plus.

La fatigue est le plus fréquent des symptômes, mais d'autres encore sont bien connus : des troubles psychosomatiques divers, des problèmes pour dormir (notamment à cause de la peur générée par une précédente séance), l'aliénation mentale (dûe elle aussi à une séance éprouvante), de la dépression (souvent à cause des révélations), des tendances suicidaires (que ce soit à cause de la peur de revoir une entité ou bien par l'envie de retrouver au plus vite l'être aimé), divers autres troubles mentaux (troubles de la personnalité si la personne est possédée….) qui peuvent mener à un internement, une addiction aux séances (surtout s'il s'agit de contacter un être cher récemment décédé)… Ces traumatismes physiques ou psychiques plus ou moins graves font l'objet de nombreux témoignages (lisez notamment « *Le Guide du spiritisme* » ou encore « *Les dangers du Oui-ja* », les auteurs en transcrivent ou résument de nombreux) et disparaissent souvent tout seul, avec le temps et l'affection des proches (et un petit tour chez votre médecin ou chez votre psy ne fait pas de mal non plus, il faut bien l'avouer). Mais dans certains cas, ils ne disparaissent pas à temps et vous devez assumer ce que vous avez fait, ce qui se traduit souvent par de la prison, voire de la prison à vie…

Dans certains cas, notamment si vous contactez un esprit néfaste ou si vous vous comportez mal durant une séance, il se peut que vous soyez blessé par l'entité, et dans quelques rares cas, tué. Dans certains cas extrêmes également, il se peut que vous soyez possédés par l'entité ou bien infestés par des miasmes et des larves éthériques diverses. Dans le cas de la possession, vous pouvez être catalogué comme schizophrène et être interné, alors qu'un exorcisme pourrait vous guérir mieux qu'une camisole chimique. C'est pourquoi je ne conseille pas de faire une séance juste pour vous amuser, les risques sont quand même bien grands pour un simple jeu.

V4 5) Les dangers d'un Oui-ja « d'occasion »

Moi, je vous conseille d'utiliser un oui-ja que vous avez acheté neuf ou que vous avez créé vous-même. Il vaut parfois mieux un oui-ja en papier que vous venez de faire qu'un oui-ja en bois professionnel acheté d'occasion. Une planche que vous aurez faite vous-même, même si elle n'est qu'en papier, sera emplie de votre énergie et par conséquent vous servira mieux qu'une banale planche fabriquée dans une usine.

Pourquoi vous faire fabriquer quelque chose de neuf au lieu d'utiliser un objet d'occasion à l'ère du tout réutilisable ? Vous allez me dire que ce n'est pas écolo de faire comme cela. Je vous répondrais que si vous devez purifier votre planche, sacrifier une piscine pour finalement détruire la planche (voir chapitre V 5 « Que faire en cas de problème ? »), il est plus écologique d'en faire une neuve. A vrai dire, le problème vient du fait que certaines planches restent hantées par les esprits contactés lors de précédentes séances. En utilisant une planche dont vous ne savez rien, vous prenez le risque d'attirer à vous d'office des esprits du bas astral. Si vous n'avez pas les moyens d'une planche neuve, que vous ne pouvez vous en fabriquer une à moindre coût et que vous en voulez vraiment une fabriquée par un professionnel (pour vous éviter du travail supplémentaire, des erreurs de fabrication ou tout simplement parce qu'une planche a attiré votre attention), purifiez au moins votre planche d'occasion. N'hésitez pas alors à demander aux anciens propriétaires ce qui s'est passé avec la planche, la raison véritable pour laquelle ils s'en séparent. Cela peut vous éviter bien des déconvenues. N'hésitez pas à laisser vous aussi un compte-rendu de vos séances avec votre planche, on ne sait jamais, cela pourrait servir à son prochain propriétaire.

V4 6) Les dangers des livres, films, animes et séries sur les Oui-ja

Il existe de nombreux ouvrages, qu'il s'agisse de romans ou de livres explicatifs, qui parlent de l'utilisation des oui-ja, tout comme les animes, films et séries télévisées ainsi que les vidéos de « vraies » séances circulant sur le net (et qui sont loin d'être toutes authentiques).

Pour les livres explicatifs, la plupart racontent surtout des anecdotes, des témoignages de séances ou de possessions, l'histoire du oui-ja … Ils livrent la théorie spirite et parlent des médiums mais si on ne fait que les lire, on ne risque pas grand-chose si ce n'est d'être tenté de s'y mettre et c'est cela le plus dangereux.

Pour moi, les autres types de livres, les vidéos en tout genre ne sont pas plus dangereux que cela en tant que tel. Je n'ai jamais entendu d'histoire dans lesquelles des personnes sont hantées par une entité après avoir vu un film sur le oui-ja. Je ne dis pas que c'est impossible, je dis juste que c'est peu probable. Par contre, il est naturel qu'après avoir lu un bon roman sur une personne ayant été poursuivie par une entité sortie d'un oui-ja, ou bien avoir vu un bon film, un épisode de série télévisée ou animée, la personne se mette à devenir paranoïaque et voit dans le moindre bruit, le moindre courant d'air, la manifestation d'un esprit. Mais ce n'est rien de plus qu'un effet de suggestion qui passe souvent très vite. Il est cependant fortement décommandé aux personnes sensibles de regarder ce genre de vidéos ou de lire ce genre d'ouvrage.

A vrai dire, les problèmes proviennent surtout au moment de l'écriture des livres ou du tournage des vidéos. En effet, il survient souvent des phénomènes inexpliqués qui peuvent être attribués à des plaisantins mais qui sont également souvent dus à un peu de paranoïa mélangé à un effet de suggestion et à l'ambiance qui règne notamment sur les plateaux de tournage.

De même, le fait de lire ces ouvrages ou voir ces vidéos peut éventuellement encourager leurs fans à s'essayer à cette pratique, en cela, ils sont dangereux. Cependant, je connais peu de ces ouvrages ou vidéos qui soient encourageants, au contraire, je les trouve plutôt dissuasifs en vous en montrant bien souvent les dangers. Je leur trouve également souvent un intérêt pédagogique dans la mesure où ils rappellent les règles essentielles de l'utilisation des oui-ja. A vrai dire, j'ai souvent vu des films et séries comportant des séquences avec un oui-ja et la seule série où l'utilisation du oui-ja était bénéfique, c'était la série « Charmed » (celle des années 1990-2000), ou le oui-ja de la famille Halliwell a bien souvent transmis des messages des membres de la famille des sœurs sorcières. Dans tous les autres films ou séries que j'ai vus, il sert à attirer des entités négatives qui attirent des malheurs aux participants à la séance. Et si on suit le principe *« un petit dessin vaut mieux qu'un long discours »*, je trouve que ces créations sont bien plus dissuasives que la plupart des ouvrages sérieux sur le sujet surtout quand elles effraient leur public.

V4 7) Les dangers de la décoration Oui-ja

De nos jours, on voit fleurir sur le net de nombreuses « décorations » à l'effigie des Oui-ja : des tables basses, des tapis, mais aussi des vêtements, des portefeuilles, des bijoux, des verres, des assiettes et serviettes en papier, des jeux de cartes…

Quel danger représentent réellement ces objets ? Pour moi, tant que vous n'appelez pas les esprits, que vous vous en servez comme une simple décoration, vous ne risquez pas grand-chose. Après tout, ce ne sont que des objets avec des lettres et des chiffres dessus. Même s'ils représentent peu de risques pour vous, je vous déconseille cependant d'en faire collection, car ils pourraient faire baisser votre taux vibratoire… et vous faire passer pour un illuminé si vous vous en servez en dehors de la période d'Halloween.

Le danger du oui-ja provient surtout de l'appel des esprits car si vous appelez un esprit qui ne désire pas partir, même si vous enfermez votre planche oui-ja, il pourrait très bien utiliser les autres supports pour forcer la communication. Aussi, lors d'une séance de spiritisme, je vous conseille de ranger toute votre décoration Oui-ja afin de ne pas « l'infecter » et de ne la ressortir qu'après avoir purifié le lieu qui a servi à la communication.

Un problème peut néanmoins survenir si vous utilisez votre décoration oui-ja à la fois comme moyen de communication et comme décoration ou autre ustensile de tous les jours. Prenons un exemple. Vous n'avez pas de oui-ja chez vous, mais vous avez acheté un portefeuille oui-ja et un médaillon en forme de goutte. Vous avez envie de vous amuser, vous vous en servez pour contacter des entités et ensuite, vous utilisez à nouveau le portefeuille pour mettre votre argent et le médaillon retourne autour de votre cou. Je déconseille fortement d'agir ainsi pour deux raisons :

- la première, c'est qu'il arrive que des esprits restent bloqués dans une planche oui-ja (quelle soit la « planche ») ou bien ne veulent pas en partir, attendant patiemment la prochaine séance où ils pourront se manifester, la « planche » en question est alors empreinte d'encore plus d'énergie négative et peut vous la transmettre ;

- la deuxième, c'est que si vous utilisez votre portefeuille comme oui-ja, il n'est plus un simple portefeuille mais un oui-ja à part entière, et donc, il dégage les mêmes vibrations qui peuvent vous être nuisibles. Or, si ranger un oui-ja sous votre lit peut vous être nuisible d'un point de vue santé, en laisser un dans votre sac à main et une planchette autour de votre cou l'est encore plus, notamment au niveau des finances qui peuvent en être impactées, et je doute qu'une simple purification soit suffisante à leur rendre leur utilité première.

Il en va de même pour tous les autres objets : une table gravée d'un oui-ja, si elle est utilisée comme table oui-ja ne doit plus être utilisée pour autre chose et surtout pas pour manger car votre nourriture verrait son taux vibratoire baisser, de même si vous utilisez des couverts et serviettes oui-ja ; un vêtement, une couverture, un masque affaibliraient votre taux vibratoire, tout comme des bijoux ; un porte-clefs pourrait vous faire provoquer un accident de voiture ou laisser votre porte s'ouvrir à n'importe qui…

Aussi, ne faites pas l'idiot. Si vous avez de la décoration oui-ja, ne vous en servez que comme décoration ou alors, ne vous en servez ensuite plus que pour contacter les morts. Après tout, si vous aimez les oui-ja atypiques, pourquoi pas ? Je doute qu'un portefeuille soit très facile d'utilisation (très petit et pas forcément très lisse), mais il a l'avantage de prendre peu de place, d'être facilement transportable et on peut mettre le médaillon à l'intérieur ainsi que des médailles de protection, un mini bouquet de sauge blanche amérindienne (ne pas faire brûler à l'extérieur car risque d'incendie) et des prières. Conserver un oui-ja sur soi fait baisser votre taux vibratoire mais vous pouvez toujours l'entourer d'une protection (une trousse un peu plus grande que votre portefeuille par exemple), et y ajouter des prières de protection à l'intérieur pour empêcher le dégagement d'ondes négatives, ce qui vous permettra d'avoir votre oui-ja de poche sur vous en randonnée, chez des amis… et d'être prêt pour une séance improvisée.

V4 8) L'avis des religions monothéistes sur le oui-ja

Il est très dur de connaître l'avis de l'islam et du judaïsme sur la pratique du oui-ja, c'est un sujet assez tabou dans ces deux religions. Dans le christianisme, le sujet est moins tabou mais il reste quand même assez dur d'obtenir des données officielles ou même des témoignages ou des avis de hauts dignitaires sur le sujet, le sujet étant toujours assez politiquement incorrect.

D'une manière générale, les prêtres exorcistes qui s'expriment sur le sujet tentent de convaincre la population de ne pas avoir recours au oui-ja car il semblerait que plus de la moitié des possessions (voire 70%) serait dûe à la pratique du oui-ja, d'une séance de spiritisme voire de l'utilisation de simples Tarots divinatoires.

De plus, le fait de pratiquer le spiritisme fait de vous une sorcière, un nécromancien / nécromagicien, ce qui est strictement interdit par le dogme catholique (et je pense par les autres religions aussi). Cela va à l'encontre des enseignements de Dieu. En effet, dans les livres saints, comme le Deutéronome, le Lévitique… il est expressément écrit qu'il est interdit de pratiquer tout art divinatoire, toute invocation des morts, toute forme de magie, sous peine d'exclusion de la communauté et d'encourir la colère de Dieu, à l'exception toutefois de ses prophètes qui ont le droit eux de dévoiler l'avenir. Les gens du commun ont le droit de prier Dieu, de lui demander la réalisation de leurs souhaits, ils ont le droit de prier leurs défunts, mais tant que la communication reste à sens unique. Dès lors que les croyants veulent des réponses des morts ou de Dieu et de ses saints, ils dépassent la frontière de l'acceptable et deviennent quelque part « hors la loi ».

Enfin, les prêtres constatent le fait que c'est souvent Satan ou un de ses suppôts qui répond. Dans certains cas, le pratiquant est sataniste et l'utilisation du oui-ja permet d'ouvrir une porte vers l'Enfer et de passer un pacte. Dans d'autres cas, le pratiquant n'est pas du tout sataniste mais finit possédé.

V 5) Que faire en cas de problème ?

Selon le problème qui peut survenir au cours d'une séance ou suite à une séance, il convient de réagir avec calme, en se maitrisant et de manière adaptée au problème.

Par exemple, un esprit peut balancer un objet à travers la pièce pour se venger d'une offense ou simplement pour prouver qu'il est bien là. Si vous l'avez offensé, de simples excuses suffisent normalement à régler le problème et à retrouver le calme. Vous pouvez alors poursuivre votre séance. Dans certains cas, si l'entité se sent offensée, par exemple, par des révélations que vous avez faites sur sa vie ici-bas qui sont gênantes mais qui s'avèrent exactes, à défaut de vous excuser, vous pouvez lui faire remarquer fermement que vous n'avez fait que dire la vérité, par conséquent que vous n'êtes pas dans votre tort. Si l'entité se calme, tant mieux, sinon, présentez-lui quand même vos excuses. Même si elles ne vous semblent pas justifiées, elles peuvent vous permettre de poursuivre votre séance tranquillement, donc, mettez votre égo de côté.

Pour ce qui est des petites manifestations surnaturelles qui surviennent en début de séance (problème d'éclairage, bris de verre…), je vous conseille surtout de garder votre calme, céder à la panique ne vous mènera nulle part. Si ces événements sont simplement dus à l'arrivée d'une entité, ils devraient s'arrêter rapidement. Donc, à moins qu'ils blessent quelqu'un ou qu'ils ne risquent d'amplifier (par exemple, si les problèmes d'éclairage provoquent un incendie, auquel cas, arrêtez tout, dites « au revoir », essayez d'éteindre l'incendie et appelez les pompiers), restez à votre place, attendez que cela se calme, vous ferez le ménage plus tard. Rappelez-vous qu'il vaut mieux éviter d'interrompre la séance pour rien et que ce type de phénomènes est courant dans les séances de spiritisme.

Si vous comptez refaire une séance un autre jour, je vous conseille de mettre les objets à risque en sécurité dans une autre pièce.

S'il y a d'autres problèmes, de gros problèmes pendant la séance, dites *« au revoir »* fermement et stoppez tout puis rangez le oui-ja et la planchette. Normalement, les problèmes devraient cesser d'eux-mêmes. Parfois, il suffit de ne plus toucher la table ou le oui-ja pendant quelques minutes, voire de s'en éloigner pour que les phénomènes cessent.

Si les phénomènes persistent, déterminez l'origine du problème en question :

- un plaisantin, auquel cas, gérez le problème avec la police si nécessaire, cela devrait le calmer durablement ;

- des miasmes, des poltergeists ont été libérés par la séance : normalement, une simple purification à la sauge blanche suffit à nettoyer la maison et à les faire partir ;

- l'un des participants pense avoir été maudit : le calmer et essayer de savoir s'il s'agit vraiment d'une malédiction ou si le participant est juste perturbé par la séance. Il suffit bien souvent de le rassurer et de lui prouver que ce qu'il lui arrive n'est qu'une série de coïncidences probablement dues au fait qu'il a eu très peur pendant la séance. Faire une purification des lieux peut lui permettre de croire que la supposée malédiction est partie ;

- une présence est réellement là, un esprit néfaste a été libéré, auquel cas, vous avez un gros problème sur les bras !

Il existe quelques moyens simples de se débarrasser d'entités négatives attirées suite à une séance :

- parfois, la simple injonction de partir prononcée fermement par quelqu'un qui a du cran et une forte énergie vibratoire peut suffire à faire fuir une entité ;

- une purification de la pièce et des personnes à la sauge blanche amérindienne ;

- si vous avez utilisé un verre comme pointeur, il parait qu'en le retournant et en soufflant dedans, l'entité s'en va, vous pouvez également le casser, mais ce n'est pas ce que je recommande ;

- faire appel à un passeur d'âmes ou bien à un magnétiseur qui doit pouvoir vous dégager des petites entités négatives ;

- dire à haute voix des prières appropriées pour se protéger des mauvais esprits, un simple « Ave Maria » ou un « Notre père » peuvent être efficaces, mais d'autres prières « exorcistes » conviendront souvent mieux, même une prière improvisée, invoquant notamment des anges protecteurs et / ou des entités passeuses d'âmes peut être utilisée (par exemple, voici ma prière : *« Oh toi, Archange Michael, je te supplie de m'aider à faire passer cette âme tourmentée, guide-la sur un chemin de lumière afin qu'elle trouve la paix »*) ;

- faire appel à un esprit supérieur bienfaisant (Jésus, les anges et archanges, des défunts au caractère fort mais ayant eu grand un sens moral…) ;

- si vous ne croyez ni en Dieu ni aux esprits et que vous êtes quand même victime de phénomènes étranges au cours d'une séance, il ne vous reste plus qu'à fuir ou à attendre que les choses se calment… ;

- transmuter l'entité en entité positive : Luc Bodin décrit dans son livre « *Nettoyage et protection énergétique des personnes et des lieux, Remèdes, Techniques et protocoles* » (voir Sources), une nouvelle méthode d'exorcisme qui ne consiste plus à renvoyer en Enfer les entités négatives, mais à les transformer en entités positives, c'est une technique semble-t-il efficace et moins agressive qu'un exorcisme classique.

Si cela ne suffit pas, il faut trouver la personne qui a attiré l'entité négative et lui demander de partir (ce qui n'est vraiment charitable) ou plutôt l'aider à émettre des vibrations positives qui feront fuir l'entité en question.

Si vous pensez vraiment qu'un esprit hante à présent les lieux, consultez un spécialiste, un médium reconnu, un prêtre... Essayez de filmer les phénomènes pour prouver vos dires. Le nombre de cas d'interventions de professionnels suite à des séances de oui-ja est en constante augmentation. En effet, les gens considèrent de plus en plus les séances de spiritisme comme un bien de consommation, sans se rendre compte des dangers qu'ils encourent, sans compter que beaucoup de gens ont de moins en moins de respect pour les autres, alors le respect qu'ils ont pour les défunts est souvent inexistant ou presque ce qui peut avoir des conséquences également...

Détruire une planche ne permet pas à tous les coups de faire partir l'entité qui peut se mettre en colère à cause de la destruction de son moyen de communication. Si vous voulez vous débarrasser d'un esprit, commencez par lui ordonner fermement de partir. N'utilisez cette extrémité qu'en ultime recours.

Si des événements dangereux surviennent, commencez par noyer la planche car l'eau ne permet pas à l'esprit de voyager. Entourez la planche et la planchette d'un linge, immergez le tout dans une bassine, une piscine (une piscine pour enfant en plastique a la taille idéale selon moi), une baignoire, (éventuellement, ajoutez de l'eau bénite dedans), signifiez à l'esprit qu'il doit partir et ne plus revenir, posez quelque chose dessus pour maintenir la planche immergée. Cela peut suffire mais si cela ne suffit pas, il faudra alors détruire la planche par le feu.

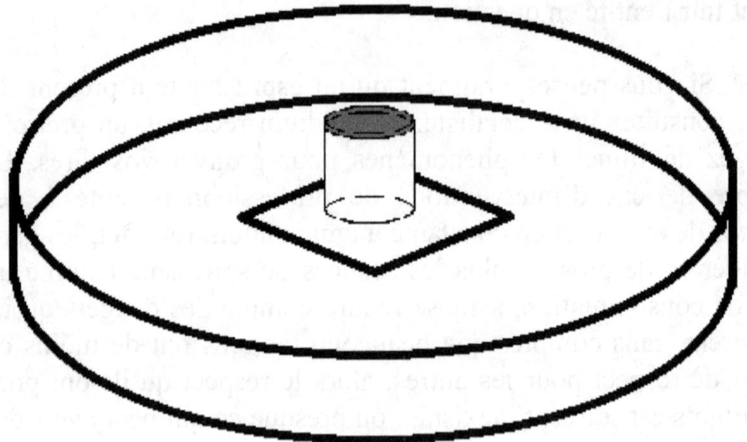

Planche oui-ja immergée dans une petite piscine remplie d'eau

V 6) Comment éviter les fraudes ?

Il existe toutes sortes de fraudes liées à l'usage du oui-ja dont il est facile de se prémunir en faisant souvent juste preuve de bon sens et d'objectivité.

V6 1) Eviter la fraude des esprits

Comme je l'ai déjà dit, tous les esprits ne sont pas honnêtes et certains se présenteront sous de fausses identités pour vous abuser. La seule manière de savoir s'ils disent la vérité, c'est de leur poser des questions pièges (voir chapitre III sur les questions à poser) ou vérifiables à postériori. N'oubliez pas que certaines entités arrivent à lire dans votre esprit ou du moins, se servent de vous pour répondre.

Méfiez-vous des réponses toutes faites des esprits. Si vous demandez à un esprit qui se présente comme un de vos défunts : *« Est-ce que je te manque ? »* qu'il vous répond *« oui »*, c'est probablement pour vous duper afin que vous restiez plus longtemps là. S'il vous répond *« non »*, c'est probablement pour vous choquer, vous attrister, ce qui va vous faire émettre des ondes négatives dont il va se nourrir.

Cependant, ce n'est pas parce qu'une entité vous aura dit la vérité sur une séance, que de un, vous arriverez à la recontacter la séance suivante, et de deux qu'elle ne vous mentira pas la séance suivante. Pour moi, il ne faut être naïf à aucun moment quand vous utilisez un oui-ja et, sans être irrespectueux envers les esprits, il faut toujours être méfiant puis vérifier après coup les données que vous avez eues au cours de la séance.

V6 2) Eviter la fraude des faux médiums et des proches

Les escrocs sont légion dans ce domaine. Il faut en dire le moins possible aux médiums, être particulièrement suspect si le médium vous demande beaucoup d'argent. Un médium a besoin d'argent pour vivre, aussi beaucoup vont demander de l'argent pour une séance et contrairement à ce que beaucoup de médiums non professionnels disent, ce n'est pas forcément une preuve d'escroquerie. Là où il faut se méfier, c'est quand ils vous demandent beaucoup d'argent, ou bien quand ils vous proposent de faire beaucoup de séances. Cependant, un certain nombre de spirites pensent que la rémunération d'une séance fait fuir les esprits, peut-être pas vos proches, mais en tout cas, les esprits du Haut Astral qui sont des esprits élevés et qui refusent bien souvent que ceux qu'ils influencent reçoivent la moindre rémunération pour les messages qu'ils transmettent quelle qu'en soit la forme.

En plus de s'assurer de l'honnêteté du médium, vérifiez son matériel, notamment la table qui peut facilement être truquée.

Quant à vos amis ou proches, ne faites pas venir les plaisantins, c'est dangereux pour eux car ils risquent d'offenser les entités, et ils risquent de vouloir vous duper.

Si vous voulez vous assurer que les participants ne trichent pas en appuyant trop sur la goutte, placez une petite feuille de papier sur la goutte, mettez un peu de poudre sur les doigts des participants, si la feuille ressort blanche, c'est que les participants n'ont pas trop appuyé sur la planchette.

V6 3) Eliminer les facteurs environnementaux

Avant de faire une séance, je vous conseille de vérifier les facteurs environnementaux qui pourraient vous faire croire à la présence d'entités. Ceci est particulièrement facile quand vous faites une séance chez vous parce que vous connaissez votre demeure et que vous savez si les planchers craquent, s'il y a parfois des rats au grenier ou dans les murs.

Vérifiez :

- l'électricité de la demeure : si cela clignote, c'est probablement à cause de problème avec l'installation, surtout si vous n'avez jamais fait de séance dans la maison, mais il faut bien avouer que les lumières clignotantes sont assez effrayantes en plein milieu d'une séance ;

- si vous avez le plancher qui grince dans une pièce en particulier, évitez de faire une séance dans cette pièce parce qu'au moindre mouvement, vous risquez la crise cardiaque ;

- il en va de même pour vos animaux : par exemple, si seul le plancher d'une chambre grince, assurez-vous que votre animal ne peut pas y aller, parce que comme pour la lumière, si vous entendez grincer pendant une séance, cela va vous faire un drôle d'effet ; d'une manière générale, si vous avez un animal, assurez-vous qu'il soit là où il ne pourra pas faire de bruit dérangeant ni vous déranger d'une quelconque manière ;

- assurez-vous qu'il n'y a pas de « nuisible » dans la maison, je pense aux rats cachés dans les cloisons ou au grenier mais aussi aux mauvais plaisantins ou aux escrocs qui pourraient s'introduire chez vous pour vous manipuler ;

- assurez-vous que portes et fenêtres sont bien fermées pour éviter tout courant d'air qui pourrait vous faire croire à la présence d'un esprit.

N'oubliez pas non plus l'effet de suggestion provoqué par la séance en soi. La plupart des planchers grincent mais quand on y est habitué, on n'y fait pas forcément attention. Cela ne sera pas le cas après une séance car vous aurez tendance à sursauter au moindre bruit, au moindre froissement de feuilles.

V6 4) Quelques expériences qui ont été tentées

Certains adeptes ont tenté quelques expériences pour essayer de déterminer si c'était bien un esprit qui communiquait ou si c'était l'inconscient des participants qui dirigeait la planchette. Ces expériences consistaient soit à bander les yeux des participants et/ou à mettre quelque chose hors de vue des participants et à demander à l'esprit de décrire cet objet, soit de raconter de fausses histoires sur les lieux pour influencer l'inconscient des participants.

Il semblerait que lors de ces expériences, les suggestions sur la hantise d'un lieu provoquent presque systématiquement un contact avec l'entité même lorsqu'elle n'existe pas. Donc, il est probable qu'une partie de la séance soit induite par l'inconscient mais pas uniquement.

Dans les cas où les yeux des participants sont bandés ou du moins que les participants ne voient pas un objet ou un dessin, un écrit désigné par le meneur de l'expérience, bien que la goutte bouge et désigne parfois des lettres ou des chiffres, elle ne transcrit rien d'intelligible. Est-ce que l'inconscient ne fonctionne pas quand les yeux ne voient rien ou bien est-ce que les entités ont besoin d'utiliser les sens des participants pour pouvoir répondre une question ? Il faudrait des expériences plus poussées pour avoir une vraie réponse.

Or, les expériences scientifiques sur le sujet sont très rares et souvent menées par des amateurs dont il est parfois difficile de croire la véracité des résultats.

V 7) Les raisons des échecs

La plupart des échecs des séances proviennent de l'un des participants qui est réfractaire à la communication, soit parce qu'il pense offenser Dieu ou qu'il a l'impression d'agir comme s'il profanait une sépulture, soit parce qu'il pense que les communications sont impossibles, que la vie après la mort n'existe pas… Bref, pour x ou x raison, une personne peut inconsciemment ne pas vouloir que la séance réussisse, et ainsi faire échouer la séance.

Si vous essayez de contacter un défunt en particulier, il est possible que la personne se soit déjà réincarnée et dans ce cas indisponible. Elle peut être occupée ailleurs, sur un autre plan d'existence. Elle peut protéger quelqu'un et donc, ne pas pouvoir communiquer avec vous ou tout simplement, elle peut ne pas vouloir communiquer avec vous pour ne plus être en relation avec les énergies terrestres qui entravent la poursuite de son évolution spirituelle.

Une autre raison peut être qu'une personne présente est une « passeuse d'âmes » (une personne médium ou non qui envoie les âmes dans l'au-delà par divers moyens), que cette personne en soit consciente ou non, et par conséquent, les âmes qui ne désirent pas s'élever préfèrent rester loin d'elle. Pour que la séance puisse commencer, il faut l'identifier (souvent par les pouvoirs médiumniques d'un autre participant ou par la radiesthésie) et lui demander de quitter les lieux ou alors, il faut appeler des entités qui ont déjà évolué et qui ne craignent donc pas le passeur d'âmes.

L'absence de purification de la pièce ou des personnes peut faire qu'il n'y a pas assez d'énergie dans la pièce pour permettre aux esprits de s'approprier l'énergie pour bouger la goutte.

Il se peut également qu'une ou plusieurs personnes ne soient pas en aussi bonne forme qu'elles le pensent, les entités ne peuvent alors pas puiser en elles la force dont elles ont besoin pour se manifester. Une petite introspection s'impose alors et éventuellement, il faut demander à d'autres personnes en meilleure forme de se joindre à la séance.

Enfin, la dernière raison peut résider dans les objets religieux et les talismans de protection que vous avez chez vous ou avec vous qui peuvent effrayer les entités et les empêcher de se manifester.

V 8) Jeu de société ou danger ?

Le oui-ja est considéré par beaucoup depuis les années 1970 comme un jeu de société, il est d'ailleurs vendu par certains magasins de jouets à travers le monde, comme un jeu de société. Beaucoup de non initiés, notamment des adolescents, considèrent le oui-ja comme un simple jeu, comme un moyen de se distraire parce qu'ils pensent que le jeu est forcément truqué par l'un des participants. Ils participent donc à des séances pour s'amuser ou se faire peur et peuvent s'attirer des ennuis.

On peut trouver des ressemblances entre certains jeux de société et la pratique du oui-ja : la nécessité d'avoir un certain nombre de participants pour « jouer », la nécessité de se concentrer un long moment pour réussir, ou les risques d'accoutumance comme pour le poker et la possibilité de passer une agréable soirée. Malgré tout, le oui-ja ne doit pas être considéré comme un jeu de société car même si on ne croit pas aux dangers réels d'une séance, ce jeu peut grandement influencer une personne. En effet, qu'elle reçoive un message du défunt qu'elle cherche à contacter ou qu'elle soit victime d'une escroquerie, une personne peut être convaincue de mal agir ou d'agir contre ses intérêts en donnant par exemple, beaucoup d'argent à ceux qui l'escroquent.

De plus, un certain nombre de spirites pensent que considérer un moyen de communication avec les morts comme un simple jeu de société est une offense faite aux morts qui nous parlent, voire potentiellement une offense faite aux anges qui nous délivrent des messages par ce biais.

Je ne sais pas si ce sont les articles relatant des histoires funestes mettant en cause des oui-ja ou s'il y a une évolution des mentalités, mais je n'ai jamais trouvé de oui-ja dans des magasins de jouets (les grandes chaines en tout cas) en France ces dix dernières années, ce qui tend à prouver que nous ne considérons plus le oui-ja comme un simple jeu... ce qui n'est pas plus mal.

Cependant, on trouve désormais sur le net des jeux dérivés du oui-ja qu'on n'aurait pas trouvé il y a encore quelques années, notamment un oui-ja spécial sexe où les lettres et les chiffres sont remplacés par des positions sexuelles. Inciter les esprits à se manifester pour des raisons aussi triviales que choisir la position sexuelle à prendre n'attirera que des âmes du bas astral voire des démons du sexe, ce qui à mon sens représente un grand danger…

Restez donc prudents quand vous utilisez un oui-ja et faites-le pour de bonnes raisons.

Conclusion

L'ennui avec les outils de communication avec les morts, c'est qu'il n'y a aucun moyen de vérifier si la communication existe réellement ou si c'est l'inconscient des participants qui délivre un message, sans compter qu'au cours d'une même communication, les deux sont possibles. En effet, il est tout à fait possible de recevoir un message d'un défunt pour une question, et pour une autre, de laisser répondre son inconscient (voire répondre volontairement dans le cas d'une escroquerie). Et à vrai dire, on ne peut se fier à personne sur le sujet, car les spirites sont des croyants qui sont parfois prêts à interpréter les faits de telles sortes que cela soutienne leurs croyances. Quant aux réfractaires, ils sont tellement persuadés que rien n'existe après la mort qu'ils sont prêts à nier des expériences pour prouver que leur théorie est la bonne. Les seuls qui puissent déterminer si une expérience de contact avec les morts fut réelle ou fut une entourloupe sont les participants à ladite séance. Alors si vous participez à une séance, soyez ouverts d'esprits et respectueux envers les esprits et les personnes présentes.

J'ai parlé dans cet ouvrage des méthodes qui ressemblent de près ou de loin au oui-ja ou qui ont évolué pour en devenir comme la table tournante par exemple, passant de simple table à table gravée, ou encore de l'adaptation de certains outils du quotidien (un clavier d'ordinateur) pour devenir un moyen de communication avec l'au-delà. Tous ces outils ont une utilisation sensiblement identique, utilisant des coups ou la désignation des lettres de l'alphabet pour communiquer. Je parlerai dans de prochains ouvrages d'autres méthodes pour communiquer avec les morts.

Bonus 1 : Quelques prières

Ma prière avant de communiquer avec les esprits

« Je demande à mes guides, à mes anges, à mes archanges, et aux êtres de lumière
De m'accompagner et de me guider
Dans mes communications avec l'Au-delà / l'Invisible
Afin qu'elles soient le plus claires possibles.
Merci de me protéger tout au long de cette séance
D'empêcher les esprits néfastes de se manifester
Merci de me permettre de communiquer
En toute sécurité avec l'être désiré / avec une entité de bonne volonté
Ainsi soit-il !
Merci ! Merci ! Merci ! »

Prière de saint Benoît, à utiliser pour se protéger des entités négatives

« Que la Croix sainte soit ma lumière,
Que le démon ne soit pas mon guide.
Arrière Satan, ne me persuade pas des choses mauvaises,
Ce que tu présentes est le mal, bois toi-même tes poisons.
Ainsi soit-il. »

Prière du Pape Léon XII à l'Archange St Michel, à utiliser pour se protéger lors d'une séance de spiritisme

« Saint Michel Archange,
Défendez-nous dans le combat,
Soyez notre protecteur contre la malice et les embûches du démon.
Que Dieu exerce sur lui son empire,
Nous vous le demandons en suppliant.
Et vous, Prince de la Milice Céleste,
Par le pouvoir divin qui vous a été confié
Repoussez en Enfer Satan et les autres esprits mauvais
Qui rôdent dans le monde
En vue de perdre les âmes.
Ainsi soit-il. »

Bonus 2 : Oui-ja papier

Voici trois oui-ja papier que je vous conseille de reproduire (photocopie en agrandi notamment) ainsi que les règles d'or et la goutte (il faut évider le cercle intérieur). Pourquoi vous mettre autant de oui-ja ? Pour que vous ayez le choix et que vous choisissiez votre oui-ja en fonction de vos préférences.
Les deux rectangulaires sont presque identiques si ce n'est qu'il y a deux ou trois lignes d'alphabet, deux lignes étant le oui-ja le plus fréquent mais celui à trois lignes étant le plus lisible pour ce petit format.
La version circulaire est plus utilisée en très grand avec un verre. Pour moi, il vaut mieux la reproduire au feutre, sur une nappe en papier, mais une photocopie agrandie au format A3 ferait tout aussi bien l'affaire.

Je vous conseille de reproduire une des rectangulaires et d'imprimer à l'arrière les règles d'or afin d'être sûr de ne pas les oublier et de les lire avant chaque séance.

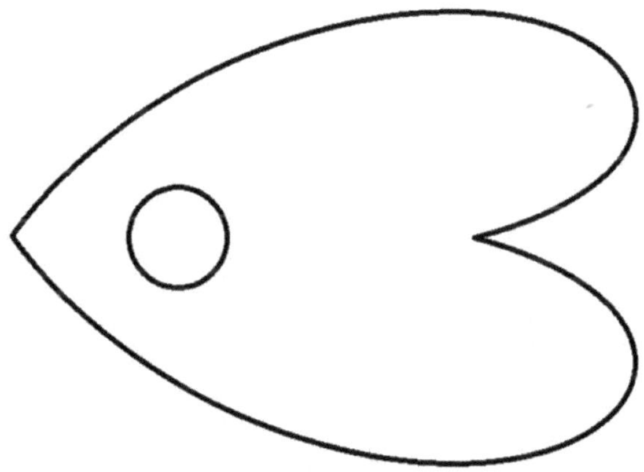

0 1 2 3 4 5 6 7 8 9

A B C D E F G H I J K L M

N O P Q R S T U V W X Y Z

OUI NON

AU REVOIR

0 1 2 3 4 5 6 7 8 9

A B C D E F G H I J

K L M N O P Q R S T

U V W X Y Z

OUI NON

AU REVOIR

Les règles d'Or du Oui-ja

Ne jamais jouer seul

Ne jamais jouer dans un cimetière

Toujours être respectueux envers les esprits

Toujours dire au revoir

Enfermer la planche et la goutte quand tout est fini

Ne pas vous disputer avec les esprits

Ne pas discuter avec les âmes du bas astral

Ne jamais libérer d'entité

Contrôler sa séance

Se contrôler !

Etre en forme

Etre bien protégé

Ne pas détruire le matériel

A
B
C
D
E
F
G
H
I
J
K
L
M
N
O
P
Q
R
S
T
U
V
W
X
Y
Z
OUI NON
0123456789
AU REVOIR
MERCI

Bonus 3 : Exemple de compte-rendu de séance de oui-ja

Date et heure de la séance : 31/10/2014 à 20h

Nom des participants :
Moi et une proche (je devrais mettre son nom et son prénom mais je m'abstiens pour préserver son anonymat)

Compte-rendu de la séance :
Tentative de contacter les esprits, échecs répétés, la goutte ne bouge pas d'un millimètre

Problème(s) rencontré(s) pendant la séance :
Aucun

Problème(s) rencontré(s) après la séance :
Deux esprits se sont manifestés plusieurs heures après la fin de la séance et plusieurs jours de suite.
L'un allumait la télévision toutes les nuits à 3 heures du matin.
L'autre ouvrait régulièrement une porte.
Utilisation d'une technique de passeur d'âmes pour permettre aux esprits de trouver la paix

Oui-ja utilisé : première planche de divination

Date et heure de la séance : 31/10/2021 à 20h

Nom des participants :
Moi et une amie

Compte-rendu de la séance :
La goutte a très peu répondu, nous délivrant juste des lettres sans délivrer de messages précis.
Lettres désignées : JAOSDWUB

Problème(s) rencontré(s) pendant la séance :
Aucun

Problème(s) rencontré(s) après la séance :
Aucun
Oui-ja utilisé : oui-ja classique

Date et heure de la séance :

Nom des participants :

Compte-rendu de la séance :

Problème(s) rencontré(s) pendant la séance :

Problème(s) rencontré(s) après la séance :

Oui-ja utilisé :

Bonus 4 : Compte-rendu de séance de oui-ja à remplir

Date et heure de la séance :

Nom des participants :

Compte-rendu de la séance :

Problème(s) rencontré(s) pendant la séance :

Problème(s) rencontré(s) après la séance :

Oui-ja utilisé :

Date et heure de la séance :

Nom des participants :

Compte-rendu de la séance :

Problème(s) rencontré(s) pendant la séance :

Problème(s) rencontré(s) après la séance :

Oui-ja utilisé :

Sources

Guide pratique du Oui-ja, Jean-Luc CARADEAU, Editions Trajectoire, 2014
Les dangers du Ouija, Guy REINHARDT, Editions Rassemblement à Son Image, 2019
Les dossiers Warren 2, Marie ALSINA, Editions JMG, 2019
Communiquer avec les morts, David VARNER, les éditions Quebecor, 2010
Le livre des médiums, Allan KARDEC
Le livre des esprits, Allan KARDEC
Le spiritisme, Djénane KAREH TAGER, Editions Plon, 2006
Guide du Spiritisme, Comment dialoguer avec l'au-delà, Giovanni SCIUTO, édition du Club France Loisirs, Paris, avec l'autorisation des Editions Jacques Grancher, 1991
16 Méthodes pour découvrir vous-même votre avenir, Giovanni SCIUTO, éditions Marabout, 1998
Article « *Faites tourner les tables* », par Christian CLAUDE paru dans le journal « *Marius, l'épatant* », numéro 1, du 12 au 18 Novembre 1981
Planche Oui-ja Antinea

Nettoyage et protection énergétique des personnes et des lieux, Remèdes, Techniques et protocoles, Luc BODIN, Guy Trédaniel Editeur, 2016

http://www.lectures-essentielles.eu/
www.voxspiriti.com
https://fr.wikihow.com/utiliser-une-planche-de-Oui-ja
https://fr.wikipedia.org/wiki/Oui-ja
https://www-mysteriousplanchette-com.translate.goog/Manu_Portal/britishmanu.html?_x_tr_sl=en&_x_tr_tl=fr&_x_tr_hl=fr
https://www.museumoftalkingboards.com/ouistit.html

Crédit photos et dessins

@ Delphine DUBOIS

Comme vous pouvez le remarquer, je suis l'auteure de toutes les photos et de tous les dessins de cet ouvrage.

Les planches oui-ja ainsi que le petit pointeur sont de moi, de même que les jeux en papier. Les gouttes en résine sont faites à partir de moules trouvés sur internet.

Les gouttes en bois avec une sorte de velours ont été achetées sur le site : http://www.lectures-essentielles.eu , leurs courriels passent mal dans ma boite mail, mais leur travail est de qualité.

Le oui-ja spinner est imprimé à partir du fichier trouvé sur https://www.thingiverse.com/thing:2943004 , la flèche n'étant pas pratique à imprimer, j'ai enlevé le pic qui permet de tenir en place la flèche et l'ai remplacé par un simple clou. Vous pouvez trouver toutes sortes de planchettes spirites sur ce site et sur d'autres sites d'impression 3D.

L'auteure : Delphine DUBOIS, née en 1981, licenciée d'histoire, s'est tournée depuis quelques années vers la radiesthésie et les arts divinatoires.

Ses ouvrages :

- ***Manuel du mini Lobe Antenne, Principes de base et exercices pour s'améliorer,***
- ***La Loi d'Attraction : cahier d'exercices,***
- ***Oui-ja : Manuel pratique, Règles et Dangers,***
- ***25 runes pour connaître son avenir et débuter en magie runique***

www.ingramcontent.com/pod-product-compliance
Lightning Source LLC
LaVergne TN
LVHW010355160826
845677LV00005BA/1283

* 9 7 8 2 9 5 8 4 5 5 9 2 7 *